클리어 마인드 & 클리어 라이프 전략

클리어 마인드 &
클리어 라이프 전략

글 | 지 장   그림 | 장인희

클리어마인드
CLEARMIND

마음이 변하면 삶이 변한다. 마음을 변화시키는 아주 특별한 전략적 사고

클리어 마인드 & 클리어 라이프 전략

알아도 실천이
안 된다면……

잘 사는 방법을 모르는가? 알다시피 답은 이미 서점에 쌓여 있는 책의 내용들로 충분하다. 그런데 뭐가 문제인가? 어느 순간 그 책의 내용들이 남 얘기가 된다. 무슨 말인가? 머리와 마음으로는 분명히 안다. 그리고 간절히 실천하고 싶어 한다. 하지만 그대로 실천이 안 된다. 그것이 바로 문제다. 그렇다면 도대체 왜 꾸준히 실천이 안 되는가? 마음이 마음대로 안 되어서 그렇다. 나를 힘들게 하거나 내게 도움이 안 되는 생각들이 너무 많다. 평소 그런 생각에 자주 지배를 당한다. 그리고 정작 필요한 마음은 자주 일어나지 않는다.

마음이 바뀌면 삶이 바뀐다. 삶을 바꾸고자 한다면 먼저 마음을 바꾸어야 한다. 성공과 자기 변화의 핵심은 결국 마음의 문제다. 마음을 잘 다루지 못한다면 아무리 기가 막힌 방법을 알고 있다 하더라도 다 남 얘기다.

우리는 마음이라는 것을 마치 몸을 다루듯 훈련시켜야 하는 대상으로 알고 있다. 그래서 어떻게 다스려 보겠다고 용을 쓴다. 하지만 마음은 생각만큼 말을 잘 듣지 않는다. 되긴 된다. 그러나 어쩌다 잠시 그때뿐이다. 마음을 훈련의 대상으로 보지 말고 아주 다른 시각으로 바라보면 어떨까? 지금 시대를 스마트한 세상이라 부른다. 마음을 다루는 문제도 이제는 스마트해질 필요가 있다.

마음의 상태를 만들어지고 있는 것이라고 보면 어떨까? 마음의 상태는 조건과 상황에 의해 결정된다. 즉 좋은 일이 있으면 즐겁고 기분 나쁜 일이 생기면 즐겁지 않다. 같은 조건에서도 누구는 즐거워하고 또 누구는 괴로워한다. 결국 대상이나 현재 상태에 어떤 가치를 부여하고 있느냐에 따라 마음 상태가 결정되는 것이다. 그래서 마음의 상태를 스스로 컨트롤하기보다는 대상에 부여하고 있는 가치나 대상을 받아들이는 방식을 바꾸게 되면 마음의 상태도 변한다. 굳이 힘들게 마음을 다스릴 필요가 없어진다. 우리는 마음을 다루는 정말로 현실적이고 효과적인 방법을 꼭 알아야 한다. 그것은 마음이 모든 성공과 행복의 근간이 되기 때문이다.

누군가로부터 작은 찻잔을 하나 선물 받았다. 특별해 보이지 않는 그냥 평범한 찻잔이었다. 물잔으로도 쓰고 커피도 타서 마시고 간혹 라면을 덜어 먹는 앞접시 대용으로도 썼다. 어느 날 그 찻잔을 선물한 분이 찾아오셨다. 지난번에 선물한 그 찻잔은 이름만 대면 알 수 있는 유명 작가의 작품인데 혹시 잘 쓰고 있느냐고 물었다. 어떻게 쓰고 있는지는 말 못하고 그냥 잘 쓴다고만 했다. 그리고 그날 이후 더 이상 그 찻잔은 그냥 잔이 아니었다. 명품 찻잔으로 잘 모셔져 있다. 생각이 달라졌기 때문이다. 한동안 아껴 먹었던 외국에서 만들어진 유명한 차가 있었다. 그런데 또 누군가가 현미경으로 보니 그 차 안에 진드기가 바글바글하다는 소리를 했다. 그 이후로 안 마신다. 마음은 그렇게 가볍다.

모르고 있던 사실을 알면 마음의 상태는 분명 변한다. 또 아는 게 달라지면 마음뿐만 아니라 우리의 현실적 삶도 달라진다. 누구나 생각해 보면 알 수 있는 상식적인 사실이다. 그런 상식적인 사실을 토대로 우리는 우리의 마음을 변화시킬 수 있고 또 삶을 변화시킬 수 있다. 반대로 한번 생각해 보자. 삶의 변화를 원한다면 우선적으로 마음의 변화가 있어야 한다. 또 마음의 변화를 위해서는 다시 보고 아는 것이 달라져야 한다. 보고 아는 것이 달라지려면 어떻게 해야 하는가? 보고 아는 방식을 바꾸면 된다. 아주 단순하고 간단한 원리다.

이 책에서 소개하고 있는 클리어 마인드 & 클리어 라이프 전략의 원리는 지금 우리에게 꼭 필요한 행복과 성공의 가장 근원적인 원리이다. 우선 보고 아는 방식을 바꾸어 우리가 알아야 할 당연한 사실을 바로 깨닫게 한다. 그리고 깨닫는 순간 마음의 변화가 일어나며 마음의 변화가 어떻게 생활의 변화, 삶의 변화로 이어지는지 그 과정과 원리를 명쾌하게 소개할 것이다.

보고 아는 방식의 변화
⋮
마음 상태의 변화
⋮
삶의 변화

아는 것이 변하면 마음도 변하는
클리어 마인드 전략

생각은 좀처럼 변하지 않는 것 같지만 바뀔 때는 순식간에 바뀐다. 모르고 있던 어떤 사실을 알 때, 아는 것이 달라지면 그 순간 마음 상태는 변한다. 친구들의 진한 장난에 울다 웃은 경험이 있는가? 그때 마음의 상태는 어떻게 결정되었는가? 분명 보고 아는 내용에 따라 달라졌다. 우리는 이제 우리의 마음을 긍정적으로 변화시킬 어떤 사실을 잘 알아야 한다. 그런데 그것은 물리적으로 정말로 보기 어려운 것은 아니다. 단지 이제까지 보아야 할 것이 무엇인지 몰랐고 보는 요령을 몰랐을 뿐이다. 숨은 그림 찾기를 해 본 적이 있는가? 난이도가 높은 것은 그림이 단순하고 찾아야 할 것도 한두 개뿐이다. 그런데 한참을 이리저리 뚫어지게 쳐다봐도 찾으라는 답은 안 보인다. 결국 포기하고 뒤쪽의 답을 보고 나면 그렇게도 안 보이던 것이 그때부터는 잘 보인다.

우선적으로 우리는 일어나는 마음, 일으키는 마음이 있다는 사실을 구별하게 될 것이다. 한 마음이지만 기능상 구별한 것이다. 처음엔 구별이 잘 안 되지만 책을 읽어 가다 보면 자연스럽게 알게 될 것이다. 다 내 마음이고 내가 일으킨 것 같은데 알면 알수록 그것은 일어나는 마음 상태일 때가 대부분이다. 일어나는 마음들의 7할은 부정적이고 원치 않는 것들이며 자기중심적인 것들이다. 부정적으로 일어나는 마음들은 우리의 마음을 다치게 할 뿐만 아니라 우리가 원하는 변화를 실패하게 만든다. 그래서 자신감도 떨어뜨린다. 성공과 행복을 원한다면 우선 부정적으로 일어나는 마음들로부터 영향을 받지 않아야 한다.

일어나는 마음, 일으키는 마음을 구별하면 부정적으로 일어나는 마음을 자신과 분리시킬 수 있다. 분리시킨 다음 앞에서 말한 보편적 사실을 토대로 일어나는 마음, 혹은 일으키는 마음을 바라볼 것이다. 그러면 그 내용에 쉽게 반응하지 않게 된다. 부정적 반응이 일어나지 않아 불편하지 않게 하면서 동시에 우리는 필요하고 유익한 마음을 일으킬 것이다. 필요하고 유익한 마음 또한 쉽게 일으킬 수 있는 조건이 있다. 그냥 일으킨다고 쉽게 일어나는 것은 아니다. 그런 비결이 바로 이 책에 있다.

마음이 변하면 삶도 변하는
클리어 라이프 전략

클리어 마인드 전략, 즉 보고 아는 방식을 바꾸어 부정적으로 일어나고 있는 마음에 덜 영향 받고 유익한 마음을 일으키면 세 가지 현실적 변화가 찾아온다.

첫째, 마음을 다치지 않게 된다. 살면서 우리는 수시로 마음을 다치는 상황을 만난다. 마음을 다치면 당연히 괴롭다. 그런데 마음만 다치는 것으로 끝나지 않는다. 결국 몸을 다치는 일로 이어지고 만다. 마음과 몸을 다치며 살면 만족한 삶이 될 수 있을까? 결국 우리의 삶도 다칠 것이다. 행복하고 성공하려면 마음을 다치지 말아야 한다.

둘째, 스스로 자신감을 만들어 낸다. 우리는 괴롭지 않은 것만으로 행복해하지 않는다. 괴롭지 않으면서 무언가 강한 긍정적인 상태나 내용으로 우리의 마음이 채워져 있을 때 행복해한다. 또 변화하기 위해서도 강한 정신적 힘이 필요하다. 우리에게 필요한 가장 중요한 긍정의 힘과 마음이 바로 자신감이다. 자신감은 부정적 마음이 일어나는 것을 막고 모든 긍정적 마음 상태를 만드는 모태가 된다. 그런데 우리는 스스로 자신감을 만들지 못한다. 자신감을 불러일으키는 외적 조건, 즉 돈이나 권력, 명예, 재능, 외모 등을 통해 얻고 있다. 그래서 그 외적 조건들을 얻기 위해 기를 쓰고 살고 있다. 스스로 만들지 않은 자신감은 결국 조건적이고 일시적인 것이라서 어느 순간 허망하게 사라질 것이다. 하지만 마음을 다루는 요령을 잘 안다면 얼마든지 스스로 자신감을 만들 수 있다.

셋째, 인격의 변화를 이끌어 낸다. 다른 모든 조건을 다 갖추었다 해도 삶의 시간과 비례하여 인격의 변화가 함께하지 않으면 결코 스스로 만족하지 못한다. 사람은 살면서 분명 어떤 면에서 나아져야 한다. 그런데 그중에서 인격의 변화는 꼭 있어야 할 덕목이다. 사람이 사람답게 살아야 할 이유이기도 하지만 인격의 변화 없이는 결코 행복과 성공이 지속되지 않기 때문이다. 행복은 결국 만족이다. 삶이 통째로 만족이 안 된다면 아무리 수많은 만족의 조건을 가지고 있은들 무슨 소용이 있겠는가! 보고 아는 것이 달라지면 분명 마음이 변한다. 그리고 마음이 변하면 인격도 변한다.

지금 바로 여기서
변화는 시작된다

아무리 좋은 방법이라도 지금 이 순간 바로 여기서 할 수 없는 것이라면 의미가 없다. 효과가 그때뿐이기 때문이다. 인간의 마음 상태는 주변 상황, 습관, 기억 등을 원인으로 해서 주로 만들어지는데 특히 부정적 상황에 취약하다. 아무리 좋은 일이 많아도 한 가지 안 좋은 일이 있으면 그것에 강한 지배를 받는다. 그래서 할 수 있다면 일상생활 속에서 항상 지속될 수 있는 현실적 방법이 필요하다.

변화의 핵심은 어떻게 보고 아는가이다. 보고 아는 것인데 보기 어려운 것을 보는 것이 아니라 지금 여기 실재하는 것들을 보다 더 사실적인 측면에서 알고 있자는 것이다. 그것을 통찰이라고 한다. 보고 아는 방식이 변하면 대상에 대한 반응이 변하고, 그래서 마음 상태가 변한다. 이것이 통찰의 원리다. 보고 알아야 할 대상이 지금 여기 실재하는 모든 것이기에 마음을 변화시키는 통찰은 실제로 우리의 생활 전부를 대상으로 한다. 결국 생활하며 통찰을 실천할 수 있고 또 통찰을 실천하며 생활할 수 있다는 말이다.

통찰은 우리 몸의 느낌과 마음 상태만을 대상으로 하지 않는다. 점차 같은 방법으로 우리의 삶을 통찰하게 될 것이다. 삶을 통찰하게 되면 우선 세상의 변화를 빨리 파악할 것이다. 변화를 빨리 파악하면 미래를 예측하고 준비할 수 있다. 또 그러한 과정을 통해 분명하지 않았던 삶의 목적이 분명해진다. 목적이 있다는 것은 삶을 평가하는 기준이 된다. 자신이 정한 목적에 가까워지고 있다면 잘 살았다는 것이고 그렇지 않다면 못 살았다고 할 것이다. 목적에 가까워지고 있는 것을 알아 갈 때 열정은 식지 않고 더욱 열심히 유익한 마음을 일으킬 것이다. 그럴수록 또 긍정적인 변화도 탄력을 받는다. 목적도 목적 나름이다. 유익하지 않은 목적은 또 다른 방황의 원인이 되기도 한다. 그래서 정말 유익한 목적을 찾아야 한다. 삶을 통찰하게 되면 그런 유익한 목적을 찾게 된다. 유익한 목적을 향해 노력해 가는 삶은 이끌어 가는 삶이지 더 이상 헛된 욕망에 이끌리는 삶이 아니다. 그리고 이끌어 가는 삶 자체가 바로 행복이고 만족이라는 사실을 매 순간 만끽하게 될 것이다.

이제까지 행복과 성공을 꿈꾸었지만 생각처럼 잘 되지 않았다면 혹은 자신감과 용기, 열정이 부족해 성공하지 못했다면 이제 클리어 마인드 & 클리어 라이프 전략으로 성공적인 변화를 체험해 보기 바란다. 한 시간의 강의를 통해 생각이 바뀐 사람들이 있었고 삶의 변화를 이끌어 낸 사람들이 있었다. 그들을 보면서 더욱 큰 용기와 확신을 갖게 되었다. 변화는 지금 이 순간 바로 여기서 시작된다.

마음을 보존하는 매뉴얼

현대사회에서 마음이 상처 받고 방황하는 것을 '방심(放心)'이라고 한다. 그런 흐트러진 마음을 다시 불러들여 내 가슴에 잘 보존하는 것이 '존심(存心)'이다. 지장 스님은 '존심'에도 전략이 필요하다고 한다. 그저 푸른 산속으로 들어가 벽 보고 앉아 있는다고 해서 집 나간 마음이 돌아오지 않는다는 것이다. 이 책에는 마음을 보존하는 매뉴얼이 담겨 있다.

푸른 청산이 아닌 우리의 일상에서 어떻게 마음을 보존해야 하는지를 명쾌하고 쉽게 우리에게 들려준다. 관념이 아닌 일상 현실 속에서 마음을 위로하고 보존하고 다스리고 치유하고 싶다면 이 책을 일독하기를 권한다. 마음 경영, 쉽고도 가까운 곳에 답이 있다는 것을 깨닫게 될 것이다.

박 재 희 (3분 고전 저자)

행복이 화두다

　세계 최고의 고도압축 성장을 이룬 한국 사회에서 성공만을 위해 달려온 우리들이 이제 행복에 대해 묻고 있다. 더 큰 성공이 더 많은 행복을 주지 않는다고 고백한다.

　행복하려면 삶의 방식을 바꿔야 한다. 『클리어 마인드 & 클리어 라이프 전략』의 저자는 마음은 만들어지는 것이라 한다. 마음을 바꾸는 것이 아니라 마음을 만들고 있는 조건과 원인을 변화시키고자 한다. 그러면 현실적 삶이 바뀐다고 한다. 더 나아가 다른 사람들의 생각도 공감할 수 있는 객관성이라는 여유를 가지게 된다고 말한다. 나를 아는 나와의 소통, 나와 다른 남과의 소통 방법이다. 친절하게 구체적 훈련법까지 세세히 소개했다.

　행복의 길이 여기 있는 듯하다. 나도 한번 따라 해 봐야겠다.

정 관 용 (시사평론가, 한림국제대학원대학교 교수)

차 례

제2장 클리어 마인드 & 클리어 라이프 전략이 필요한 이유
(스스로 만들어 가는 인생을 살라)

제3장 클리어 마인드 & 클리어 라이프 전략의 실천 목표

제4장 스스로 자신감 만들기

제5장 인격의 변화 없이 행복은 완성되지 않는다

제2부 변화를 위한 원리와 실천 테크닉

제6장 마음과 삶을 변화시키는 실천 원리

제7장 세상을 통찰하라

마음이 바뀌면
삶이 바뀐다

마음이 바뀌면 삶이 바뀐다. 이것은 분명한 사실이다. 그렇다면 삶을 바꾸고자 한다면 어떻게 해야 할까? 마음을 바꾸면 된다. 그래서 마음을 좋게 바꾸어 보겠다고 나름 애를 쓰며 살았던 적이 있었다. 마음이 마음대로 잘 안 되어서 괴롭지만 마음을 잘 다스릴 줄 알면 행복해질 수 있고 원하는 것을 이룰 수 있다고 믿었었다. 정말 열심히 마음을 다스리는 방법을 찾아 헤맸다. 책을 통해 정보를 얻기도 하고 유명한 사람이 있으면 찾아가 공부도 해 보았다. 마음을 찾고 마음을 비우는 그런 공부였다. 찾으면 된다고 하는데 도대체 뭘 찾아야 하는지 감이 잡히지 않았다. 언제까지 이렇게 모르는 마음을 찾아야 하는지 다급한 마음도 들었다. 비우라고 하는데 휴지통 비우듯 그렇게 비워지는 것도 아니었다. 간혹 어쩌다 편안하고 고요한 마음이 들 때도 있었다. 그러나 그것도 잠시일 뿐 금방 제자리로 돌아갔다. 해도 해도 안 되니까 스스로의 힘으로는 되는 게 아니라는 생각이 들었다. 그래서 한동안 기도를 통해 돌파구를 찾으려 했다. 정성이 부족했던 것인가? 아무튼 이것도 할 때뿐 무언가 근원적인 변화와 확신이 서지는 않았다. 그래서 눈을 돌린 것이 명상이었다. 명상도 알고 보니 천차만별이었다. 다들 하면 좋다고 하는데 무엇을 해야 하는지, 그리고 어떻게 해야 하는지 짙은 안갯속 같은 느낌이었다. 외국에 가면 무언가 답을 얻을 수 있을지도 모른다는 생각에 미얀마, 인도, 태국 등의 명상 센터도 기웃거려 보았다. 방법을 일러주긴 하는데 결국 그것도 스스로 알아서 해야 하는 문제였다.

그렇게 또 몇 년이 흘렀다. 마음에 관한 문제는 의욕처럼 진전이 있지 않았다. 그냥 하다 보면 언젠가는 되지 않을까라는 막연한 위안만 가질 뿐이었다. 마음의 문제를 좀 다른 차원에서 접근하면 어떨지에 대해 고민하던 중 왜 내 마음이 내 마음대로 되지 않는지 곰곰이 숙고해 보게 되었다. 마음대로 되지 않는 이유는 마음의 상태라는 것이 그때의 조건과 상황에 의해 그렇게 되고 있기 때문이라는 사실을 눈치 챌 수 있었다. 평소 우리는 마음의 상태가 조건과 상황에 의해 만들어지고 있다는 사실을 무시하고 산다. 마치 내가 그런 마음을 일으켰고 또 그 마음 상태가 바로 우리 자신이라고 생각하고 산다. 마음의 상태가 조건적으로 만들어지고 있다고 아는 것과 스스로 그렇게 일으킨 것이라고 아는 것은 분명 다른 문제다. 그동안 왜 그토록 마음이 다스려지지 않았는지 조금씩 실마리가 풀려 가는 것만 같았다. 매 순간 우리 스스로 마음을 일으키며 산다면 마음을 다스린다는 말이 맞다. 원하는 마음을 일으키면 되기 때문이다. 그런데 마음의 상태가 조건적으로 만들어지는 것이라면 양상이 달라진다. 마음의 상태를 만드는 조건을 바꿔야지 마음을 바꾸는 문제가 아닌 것이다. 모든 마음이 다 조건적으로 만들어지는 것은 아니다. 때론 우리 스스로 만들어 내는 마음도 있다. 하지만 평소 비중으로 치면 그리 크지는 않다.

마음의 상태는 만드는 것이 아니라 만들어지는 것이다

우리는 일반적으로 좋은 일이 있으면 즐거워하고 나쁜 일이 있으면 괴로워한다. 별로 특별한 일이 없으면 그저 그런 마음이 된다. 평상시는 내가 그런 마음을 만들고 있는 것처럼 생각하는데 대부분의 마음 상태는 단지 조건적으로 만들어진다.

그런데 같은 조건과 상황에서 다 같은 마음 상태가 될까? 아니다. 사람마다 반응은 또 다르다. 예를 들어 어른들에게 명상 강의를 한다고 하자. 그들은 자신에게 필요한 내용이라 생각하고 진지하고 편안하게 강의를 들을 것이다. 그런데 초등학교 운동부 남학생들을 앉혀 놓고 똑같은 강의실에서 똑같은 강의를 한다면 어떨까? 결과는 안 봐도 뻔하다. 같은 조건과 상황이지만 그 순간에 부여하고 있는 가치에 따라 마음 상태는 달라진다.

지금 이 순간 자신이 접하고 있는 대상에
어떤 가치를 부여하고 있느냐에 따라
마음 상태는 달라진다

결국 우리의 마음 상태는 지금 이 순간 자신이 접하고 있는 대상에 어떤 가치를 부여하고 있느냐에 따라 달라진다.

지금 이 순간 호의적인 가치를 부여하고 있다면 즐거워하고 또 부정적인 가치를 부여하고 있으면 괴로워한다. 그런데 우리가 지금 이 순간에 부여하고 있는 가치 혹은 생각은 절대 불변인가? 아니다. 가치나 생각은 바뀌는 것이다. 또 스스로 바꿀 수도 있다. 가치는 바꿀 수 있고 또 바뀌기 때문에 우리는 우리의 마음을 바꿀 수 있고 더 나아가 우리의 삶을 바꿀 수 있는 것이다.

그렇다면 그 가치나 생각은 어떻게 바꿀 수 있나? 일반적으로는 경험과 체험, 그리고 보고 아는 것이 달라질 때 가치나 생각이 변한다. 처음 누군가를 만나면 그 나름 어떤 느낌을 가진다. 그런데 오래 만나면서 겪고 나면 처음의 그 느낌이 달라진다. 우리는 우리의 가치나 생각을 바꾸기 위해 모든 경험을 다 할 수는 없다. 시간도 부족하고 기회도 충분치 않다. 단지 주어지는 기회가 전부이다. 그래서 우리가 가치나 생각을 바꾸기 위해 스스로 할 수 있는 것은, 바로 전략적으로 보고 아는 방식을 변화시켜 보는 것이다. 보고 아는 방식을 바꾸는 것이 중요한 것은 아니다. 마음을 유익하게 변화시키는 것이 목적이다. 마음을 유익하게 변화시키기 위해 전략적으로 보고 아는 방식을 바꾸는 사고를 해 보자는 것이다. 보고 아는 방식을 바꾸면 분명 가치나 생각이 달라진다. 보고 아는 방식을 바꾸어 가치를 바꾸면 마음이 달라지고 마음이 달라지면 삶이 달라지게 된다. 이러한 원리가 바로 이 책에서 소개하고 있는 마음과 삶을 변화시키는 클리어 마인드 & 클리어 라이프 전략이다.

클리어 마인드 & 클리어 라이프 전략은 사실 갑자기 생겨난 무슨 신기한 방법은 아니다. '통찰명상기법' 이라는 것을 우리의 현실 생활에 맞추어 응용한 것에 불과하다. 마음의 상태는 조건적으로 만들어지는 것이라는 논리를 토대로 그동안 명상원을 운영하면서 다양한 방법으로 마음을 변화시킬 수 있는 원리와 방식, 도구 등을 연구해 왔다. 그러한 연구의 결실이 바로 클리어 마인드 & 클리어 라이프 전략의 내용인 것이다.

보고 아는 방식을 바꿔라

마음의 상태가 만들어진다는 논리로 본다면 마음은 다스려야 하는 것이 아니라 마음의 상태를 만드는 조건과 원인을 변화시켜야 한다. 그런 조건과 원인을 변화시키는 것이 바로 보고 아는 방식을 바꾸는 것이다. 그렇다면 보고 아는 방식을 바꾼다는 것은 무슨 말인가? 평상시 우리는 그럭저럭 잘 보고 잘 알고 산다. 그런데 단지 표면적으로 보고 알 뿐이다. 표면적으로 본다는 것은 습관적으로 보는 것이다. 가령 직장 상사를 본다고 하자. 평소 지시하고 잔소리하는 자신의 상관으로 볼 수도 있고 또 누군가의 아빠, 누군가의 남편, 그리고 누군가의 아들이라는 관점에서 그를 바라볼 수도 있다. 어떻게 보느냐에 따라 일어나는 반응은 달라진다.

사물의 현상도 마찬가지이다. 박수 소리를 예로 들어 보자. 손바닥을 부딪쳐 나는 소리를 우리는 손뼉 치는 소리 혹은 박수 소리라고 습관적으로 안다. 그런데 박수 소리라는 이름은 있지만 그 실체는 따로 없다. 단지 두 손의 부딪침일 뿐이다. 두 손이 부딪쳐 나는 소리를 박수 소리라 이름 붙였을 뿐 따로 박수 소리는 없는 것이다. 그리고 그렇게 이름 붙인 박수 소리는 항상 존재하지 않는다. 단지 두 손이 부딪치는 찰나에만 생겨났다 사라진다. 즉 있긴 한데 조건적으로, 일시적으로 존재하는 것이다.

그런데 박수 소리만 그런 것이 아니다. 우리 주위의 모든 것들이 알고 보면 박수 소리와 같다. 지금 여기에 그대로 있는 것 같아도 알고 보면 조건적으로 그리고 일시적으로 존재하고 있는 것이다. 그렇다면 우리 자신은 어떨까? 인간은 평균 80년 정도 산다. 길다면 길고 짧다면 짧은 시간이다. 그런데 우주의 나이로 인간의 수명을 따져 보면 어떨까? 찰나에 불과하다. 눈 깜짝할 사이에 깜박 하고 사라진다. 그 짧은 순간 우리의 존재 또한 조건적이고 일시적으로 생겨났다 사라진다. 소위 박수 소리와 우리의 존재가 별반 다르지 않다는 말이다.

박수 소리를 그냥 박수 소리라 듣지 않고 조건적으로 그리고 일시적으로 생겨났다 사라지는 하나의 현상으로만 보면, 갑자기 머리가 무거워지고 별로 재미없는 일로 여겨질 것이다. 그런데 여기에 우리의 마음을 바꿀 수 있는 핵심 원리가 숨어 있다.

만들어지고 있음을 알면 거리를 둘 수 있다

우리는 우선 우리의 마음을 전략적으로 다르게 바라볼 필요가 있다. 무슨 말인가? 마음의 상태가 조건적으로 만들어지고 있다고 바라보는 것이다. 지금의 마음이 만들어지고 있는 것이라고 바라보면서 그 마음을 나 자신과 분리시켜 보는 것이다. 만약 그 마음이 논리적으로 내 마음이 맞다면 내가 원하는 대로 되어 주어야 하며 또 나 스스로 그 마음을 만들어 내야 한다. 마음은 스스로 일으키는 경우도 있지만 대부분의 경우 그때의 상황과 조건에 의해 만들어진다. 화를 내거나 슬프거나 우울할 때 과연 우리 스스로 그런 마음을 만들었겠는가?

성공과 행복을 방해하고 우리를 불편하게 하는 마음들을 이제 우리의 마음이라 보지 말고 그냥 조건적으로, 습관적으로 일어난 현상으로 보자. 그렇게 보는 것만으로 그 마음들을 우리 자신과 분리시켜 거리를 둘 수 있다. 거리를 두고 다시 그 마음들이 본래부터 있던 것이 아니라 잠시 조건적으로만 있는 현상이라고 지속적으로 바라보면 거리는 더욱 멀어지게 된다. 게다가 유익한 마음을 적극 일으키면 부정적 마음들은 확실히 차단된다.

거리를 둘수록 집착하거나 싫어하는 반응은 줄어든다. 집착은 미래의 괴로움이 되고 싫어함은 지금 이 순간의 괴로움이 된다. 집착과 싫어함이 줄면 그만큼 마음을 덜 다치게 된다.

우리는 어떻게 살아야 잘 사는 것인지 사실 길을 알고 있다. 또 어떻게 해야 행복해질 수 있는지도 안다. 단지 그렇게 하지 못하는 이유는 꾸준한 실천을 방해하는 부정적이고 불필요한 마음들 때문이다. 보고 아는 방식을 바꾸면 이렇게 행복과 성공을 방해하는 부정적이고 불필요한 마음들로부터 자유로워질 수 있다. 그러면서 우리에게 필요한 마음만을 더욱 편안하게 일으킬 수 있다.

보고 아는 방식만 바꾸었을 뿐인데 결과적으로 우리의 삶에는 커다란 변화가 일어난다. 가장 기본적으로 마음을 덜 다치게 되는 것이다. 마음을 다치면 마음을 다치는 것으로 끝나지 않고 몸도 다친다. 마음과 몸을 다치면 우리의 삶도 망가진다. 그렇게 되면 절대 행복하지 않다. 행복하기 위해 마음을 다치지 않는 것은 필수적이다.

또 우리는 보고 아는 방식을 바꾸어 스스로 자신감을 만들고 스스로 행복해질 수 있다. 평소 우리는 스스로 자신감을 만들지 못한다. 자신감을 생기게 하는 외적 조건을 통해 자신감을 가질 뿐이다. 그런데 자신감을 가져오는 조건이 사라지면 반대로 상실감과 우울감에 빠져 버린다. 보고 아는 방식의 변화, 즉 통찰을 습관화하면 자각력, 집중력, 정신력, 믿음 등의 힘이 커지고 이런 힘들이 커져 밖으로 드러날 때 자신감의 형태로 나타난다. 통찰의 힘과 다른 유익한 힘들이 커질수록 실제 변화의 흐름을 빨리 간파해 낼 것이다. 그래서 지혜롭게 미래를 준비하게 될 것이다. 게다가 통찰의 대상을 인생 전체로 확장하면 이제 어떻게 사는 것이 잘 사는 길인지, 마지막 삶의 순간까지 어떻게 살아야 하는지를 분명히 알게 된다. 정말로 유익하고 뚜렷한 삶의 목적을 안다. 목적이 분명해지면 그 목적을 향한 강한 확신과 열정, 그리고 노력이 뒤따른다. 그래서 스스로 자신감을 만들고 또 매일매일 나아지는 삶을 산다.

지금 이 순간
바로 여기서 시작하자

결론적으로 요약하자면 보고 아는 방식을 변화시켜 기본 가치나 생각을 바꾸자는 것이다. 가치나 생각이 바뀌면 마음이 변하고 마음이 변하면 삶이 변한다. 변화란 인생사나 사물을 보다 사실적으로 보고 아는 것이다. 전문용어로 통찰이라 한다. 통찰의 의미는 이 책을 통해 분명히 잘 알게 될 것이다. 그런데 통찰만 한다고 해서 그냥 되지는 않는다. 힘이 부족하면 그 순간으로 또한 끝난다. 자각력과 집중력, 정신력이 반드시 함께 해야 한다. 그래서 클리어 마인드 & 클리어 라

이프 전략에서는 자각력과 집중력, 정신력, 통찰력을 현실적으로 계발
시켜 유익한 삶의 변화를 이끌어 가는 과정을 소개할 것이다.

아무리 좋아도 지금 이 순간 바로 여기서 실천할 수 없다면 그림의
떡이다. 책을 읽으면서, 밥을 먹으면서, 걸으면서, 운동이나 운전을 하
면서 할 수 있어야 한다. 보고 아는 방식을 바꾸는 데는 때와 장소와
상황이 중요하지 않다. 어느 순간이든지 하려고만 하면 된다. 그리고
항상 해야 한다. 그것이 또한 클리어 마인드 & 클리어 라이프 전략의
가장 큰 장점이기도 하다.

이 책의 제1부에서는 먼저 기본 개념을 이해하는 데 필요한 몇 가지
내용을 소개할 것이다. 우리 마음과 삶을 대하는 방식을 바꾸는 데 필
요한 내용들이다. 그리고 제2부에서는 보고 아는 방식을 어떻게 바꾸
는지 그 실천의 원리와 전략을 소개할 것이다.

생각이 변하면 그 순간부터 삶은 변한다. 생각은 책을 읽어 가는 순
간부터 변할 수 있다. 간단하지만 생각을 바꾸고 내용의 이해를 돕기
위해 중간 중간 변화의 시간을 만들어 보았다. 차 한 잔의 시간이지만
생각을 바꿀 수 있고 삶을 바꿀 수도 있다. 마음을 바꾸는 아주 스마
트한 방법을 통해 스스로 행복해지는 방법을 터득하길 바란다.

제1부

아는 것이 변하면 마음도 변한다

보고 아는 방식의 변화 1

우리는 지금 여기 마음이라는 것이 있다는 것을 굳게 믿고 있다. 그 마음을 나 자신이라 여긴다. 여기 마음이 있는데 어쩌다 그 마음이 의도대로 되지 않는다고 생각한다. 또 그 마음이 본래는 깨끗했지만 살면서 세상에 물들어 더럽혀졌으며 기도나 수행을 통해 때 묻은 마음을 닦아 다시 깨끗하게 할 수 있다고 믿는다. 그런데 과연 마음은 닦는다고 닦이는 것일까?

우리는 이제 전략적으로 마음을 대하는 방식을 바꾸어 볼 필요가 있다. 마음을 본래부터 그대로 있는 그 어떤 것으로 보지 말고 매 순간 틈 없이 아주 빠르게 만들어지는 정신적 현상으로 보면 어떨까? 좀 황당한 말로 들릴 것이다. 그러나 단지 보는 방식을 바꾸어 보자는 것이다. 만약 마음이라는 것이 본래부터 있는 것이 아니라 조건적으로 매 순간 만들어지는 어떤 것이라는 논리로 보면 마음을 대하는 방식은 크게 변할 수밖에 없다. 일단 마음을 닦는다는 말이 의미가 없어진다. 닦을 마음이 없기 때문이다. 마찬가지로 마음을 찾는다거나 비운다느니 마음을 깨끗이 한다느니 등의 말이 소용없어진다. 만약 마음을 만들어지고 있는 어떤 현상으로 보면 마음 자체를 다루는 것이 아니라 마음이 만들어지게 되는 조건과 원인을 다루어야 한다. 좋은 마음을 만들고자 한다면 좋은 마음이 만들어지는 조건과 원인을 만들어야 한다는 말이다.

여기서는 우리의 마음을 보다 효율적으로 다루기 위한 전략적 사고를 소개하고 있다. 마음이 여기 항상 있다고 보면 그렇게 보일 것이고 또 마음을 계속해서 만들어지고 있는 어떤 현상으로 보면 그렇게도 보일 수 있다. 이 책에서는 우선 마음은 만들어지고 있는 어떤 상태라는 논리를 토대로 우리의 마음과 삶을 보게 할 것이다. 꼭 그렇게 보아야만 하는 것이 아니라 그렇게 보는 방식을 활용해 마음과 삶의 변화를 만들어 보자는 것이다. 과연 우리의 마음을 다르게 볼 수 있는지 책을 읽어 가며 스스로 확인해 보기 바란다.

사람은 누구나 행복하기를 원한다.
그리고 행복해지는 방법까지도 알고 있다.
하지만 그것을 실천할 수 있는 마음이 일어나지 않아
행복을 얻기 어려워한다.
성공을 바라고 행복을 꿈꾼다면
마음의 두 가지 모습을 구별할 줄 알아야 한다.
마음에는 일어나는 마음과
일으키는 마음 두 가지가 있다.
쉽게 일어나는 부정적 마음에서 벗어나
유익한 마음을 스스로 일으키는 의지가 필요하다.
마음의 상태는 어떻게 보고
무엇을 아느냐에 따라 달라진다.
그 방식이 변하면 마음도 변하게 되어 있고,
마음이 변하면 삶이 변한다.
이 원리를 실천하는 것이 클리어 마인드 전략이다.

제1장

일어나는 마음
일으키는 마음

"당연히 우리가 사랑하는 거지요!"

강의 중 앞자리의 중년 여성분들에게 물었다. 정말로 사랑을 한 것인가 아니면 사랑이라고 생각하는 감정이 일어난 것인가? 사랑은 당연히 '하는 것'이라는 한결같은 대답에 다시 물었다.

"그럼, 지금도 계속해서 사랑하고 계시지요?"

"깔깔 하하하."

"왜 웃기만 하고 대답이 없어요? 지금은 안 하시나 봐요? …… 사랑한다고 그랬잖아요. 본인이 사랑하는 거라면 그냥 하면 되잖아요. 안 그래요?"

"그때그때 달라요."

공감하고 있는 듯 또다시 강의실은 한바탕 웃음이 일어났다 사라졌다.

"사랑이 그럼 왔다 갔다 하는가 보죠? 어디 못 가게 잘 좀 붙들어
놔 봐요. 여기 보니까 의외로 사랑이 가출한 집이 많아 보여요. 사랑
이 가출하면 옆에 누워 있는 사람이 벽이나 가구처럼 느껴진다면서
요? …… 그나마 그것도 다행이라고요? 각방 쓰다 보니 진짜 벽만 보
고 주무신다고요? 아니, 다들 왜 이 지경까지 오셨어요, 글쎄. 사랑은
어디로 갔을까요? 혹시 일부러 사랑 안 하고 있는 건가요?"

웃기만 할 뿐 그럴듯한 대답은 들려오지 않았다. 아마 평소 생각해
보지 않았던 문제라서 그런가 보다. 그리고 아직 질문의 의도를 눈치
채지 못한 것 같기도 했다.

"다시 한 번 생각해 보실래요? 사랑이라는 것이 그때의 조건과 상황
에 의해 일어난 감정에 불과한 건지, 아니면 정말로 자신이 한 것인지."

"우리가 사랑이라는 것을 했던가? 기억이 좀처럼……."

칠십이 넘으신 한 할머니의 독백에 또다시 강의실은 웃음으로 뒤집
어졌다. 한참을 웃다가 갑자기 제각각 사랑이라고 느껴 보았던 한때
의 순간을 기억하느라 잠시 고요가 흘렀다.

"뭐, 그냥 눈에 콩깍지 썼던 거지 딴 거 있겠어요!"

"맞아요. 콩깍지가 씌었을 수도 있고요, 아니면 진짜 사랑한 것일
수도 있습니다. 사랑은 일어나기도 하고 또 일으키기도 하는 것입니

다. 그런데 우리가 흔히 사랑이라고 느끼는 이성 간의 감정은 알고 보면 일어난 경우가 대부분입니다. 즉 스스로 사랑을 했다기보다는 사랑이라는 반응을 일어나게 하는 대상을 찾은 것에 불과한 거지요. 게다가 화장발, 조명발, 근육발 같은 것에 영향을 받듯 여러 복잡한 상황에 홀려 조건적으로 일어난 반응일 수도 있습니다. 사랑을 너무 비하해 죄송하긴 하지만, 아무튼 뭐 사실적으로 말하면 그렇다는 것이지요. 그런데 왜 한숨을 쉬세요? …… 한때는 절실했던 것인데, 이제와 생각하니 그렇다고요?"

또다시 쏟아진 웃음에 잠시 강의를 멈출 수밖에 없었다.

"상식적으로 사랑이라는 것이 정말로 자신이 일으키는 것이라면 아무 때나 하고 언제든지 하면 되거든요. 그런데 현실은 그렇지가 않아요. 좋다가도 싫어지고, 해야 되는데 안 일어나기도 하지요. 그땐 흔히 사랑이 식었다고 합니다. 그럼 부모와 자식 간의 사랑은 어떨까요? 부모와 자식 간의 사랑은 해야겠다고 해서 생겨난 것이 아닙니다. 그냥 저절로 생겨나는 것이지요. 나의 분신이고 내가 생명을 주었다고 생각하니까요. 그런데 사랑은 이렇게 일어나는 것만 있는 것이 아닙니다. 세상의 모든 사랑이 조건적으로 일어나는 것이라면 정말로 삭막하고 씁쓸하겠지요? 우리 스스로 적극적으로 일으키는 사랑도 있습니다. 그것이 저절로 일어나는 사랑과 함께할 때 진정한 사랑이 되고 사랑 때문에 생긴 상처도 치유할 수 있습니다.”

사랑에 홀리듯 진지함은 점점 깊어 가고 있었다.

“그런데요, 사랑만 그런 게 아닙니다. 우리는 태어나 지금껏 살아오면서 하고 싶은 것, 되고 싶은 것 속에 파묻혀 지내 왔어요. 그런데, 그게 다 알고 보면 진정 내가 원했다기보다는 그냥 스스로 일어난 육체적 · 정신적 욕구나 반응에 불과한 겁니다. 다시 사랑 이야기를 해 볼까요. 사랑하면 그냥 사랑으로 끝나나요? 사랑하면 결혼하고 싶고, 결혼하면 자식 낳고 싶고, 집 사고 싶고, 좋은 차 사고 싶고, 출세하고 싶어지지요. 그런데 그게 내가 일으킨 생각이라기보다는 그냥 일어난 것이라는 겁니다. 좀 황당한가요?”

알다가도 모르는 게 사람 마음이다. 그런데 그런 우리의 마음 작용에는 일어나는 마음, 일으키는 마음, 아는 마음 등이 있다고 한다. 보통 우리는 마음이라는 것이 일어나는 것인지 일으키는 것인지 구별하고 살지 않는다. 그냥 다 내 마음이라 생각하고 산다.

| 차 한 잔의 변화 |

• 우리가 흔히 하는 사랑! 과연 조건적으로 일어난 것인가요, 아니면 일으킨 것인가요?

• 마음의 작용에는 일으키는 것과 일어나는 것이 있다고 하는데, 지금 이 순간 당신의 마음은 어떤 상태인가요?

이제 우리는 마음이라는 것에 좀 더 깊이 있는 관심을 가질 때가 되었다. 왜냐하면 변화와 성공을 이루게 하는 아주 기가 막힌 방법이 있다 하더라도 그것을 지속적으로 실천하게 하는 마음이 일어나 주지 않는다면 아무 소용이 없기 때문이다. 아무리 내 마음이라 하더라도 내 마음대로 되지 않는 것이 마음이다. 일어나지 않았으면 하는 마음들은 수시로 일어나고 정작 일어나기를 바라는 마음은 제때 일어나 주지 않는다. 그래서 우리는 마음을 통제하고 다스려 보겠다고 명상이나 정신수련 같은 것을 시도해 본다. 하지만 그것도 쉬운 일은 아니다.

자, 이제부터 우리는 마음을 대하는 방식을 한번 바꾸어 보자. 마음이란 것을 훈련의 대상이 아니라 이해의 대상으로 '보고, 알자'는 것이다. 보고, 아는 방식을 바꾸면 마음에 대한 이해도 확 달라진다. 마음의 상태는 대부분 우리가 만드는 것이 아니라 그렇게 만들어지고 있는 것이다. 마음의 상태를 스스로 만들고 있는 것과 만들어지고 있는 것으로 구별할 줄 안다면 당신의 삶의 태도는 분명히 달라질 것이다.

마음에 관심을 가져야 하는 더 중요한 이유가 있다. 만족이나 행복은 물질적인 조건의 충족만으로 절대 성취될 수 없다. 정신적 만족이 함께 해야 한다. 정신적 만족은 결국 마음의 문제다. 살면서 우리를 가장 괴롭히는 것이 내 마음이며 또 우리를 행복하게 해 주는 것도 바로 내 마음이다. 마음에는 병도 있지만 그 병을 치유할 수 있는 약도 들어 있다.

그동안 우리는 마음을 알아야 할 필요성을 강하게 느끼지 않았다. 마음을 아는 것은 학자나 전문가들의 몫이라고 생각했다. 마음에 대한 정보 또한 아직까지 턱없이 부족하다. 하지만 우리의 인생 전체를 통틀어 거의 절대적인 영향을 끼치는 것이 마음의 역할과 가치라는 것이다.

이제 많은 일반인들도 그 마음의 역할과 가치에 대해 관심을 갖기 시작했다. 마음을 알지 못한다면 아무리 잘 살려고 노력해도 한계가 있다는 것이다. 그러나 우리가 알아야 하는 마음은 마음에 대한 모든 것이 아니다. 그것에 대해서는 다 알 수도 없고 알 필요도 없다. 단지 지금 필요한 것은, 마음이 어떻게 해서 우리를 괴롭게 하고 또 행복하게 하는지 정도이다. 그것도 알고 보면 그냥 모르고 있던 내용이지 정말로 알기 어려운 내용은 아니다.

가장 기본적으로, 일어나는 마음과 일으키는 마음이 있다는 것을 알아야 한다. 마음은 하나이지만 기능에 따라 구분한 것이다. 한 심리학과 교수는 사람은 하루 중 절반 이상 멍청하게 있거나 쓸데없는 생각에 빠져 지낸다고 한다. 정말로 많은 시간을 원치 않은 생각이나 쓸모없는 생각에 빠져 보낸다. 내 마음이 내 의도대로 되지 않는 것이다.

다음의 예를 통해 마음이란 것에 대해 또 한 번 살펴보자. 텔레비전을 통해 드라마나 스포츠 경기를 본다고 하자. 텔레비전을 보고 있는 동안 우리의 마음 상태는 누가 만들까? 그런 고상한 생각을 하면서 텔레비전을 보는 사람은 없겠지만 결론부터 말하면 텔레비전 속 장면이나 내용이 우리의 마음 상태를 결정한다. 웃게도 하고 긴장하게도 하고 열 받게도 하는 주인공은 텔레비전이다. 나 스스로 만드는 것이 아니라 텔레비전이 나를 그렇게 만드는 것이다. 그렇다면 텔레비전을 보고 있을 때만 그럴까? 우리는 보는 것, 듣는 것, 느끼는 것 등에 따

44

라 모두 순간적으로 반응을 하며 살아간다. 그 반응은 바로 스스로 이끌어 가는 것이 아니라 감각적 대상에 이끌리고 있는 것을 말한다. 그래서 즐겁고 좋은 반응을 일어나게 해 주는 대상을 갈구하는 것이다. 그리고 이런 내용들을 토대로 볼 때 분명 마음에는 일어나는 모드가 있고 또 일으키는 모드가 존재한다는 것을 알 수 있다.

| 차 한 잔의 변화 |

• 생각을 1분 동안 멈추어 볼까요?

• 만약 1분 안에 어떤 생각이 일어났다면 그것은 누가 일으켰을까요?

• 책을 읽고 있을 때 일어난 생각들은 책의 내용 때문에 일어난 것일까요, 아니면 스스로 그렇게 생각한 것일까요?

그렇다면 일어나는 마음 모드로 사느냐 일으키는 마음 모드로 사느냐? 그 결과는 하늘과 땅 차이이다. 이제까지 우리는 알게 모르게 대부분의 시간을 일어나는 마음 모드로 살아왔다. 일어나는 마음 모드로 산다는 것은 내 몸과 마음에서 일어나는 욕구와 반응에 무기력하게 이끌리는 삶을 사는 것을 말한다. 반대로 뚜렷한 목표와 의지, 노력 등을 통해 일으키는 마음 모드로 살아간다면 내가 나를 앞장서 개척해 가는 삶을 산다고 할 수 있다. 나중에 자세히 언급하겠지만 일어나는 마음 중에도 유익한 것이 있고 일으키는 마음 중에도 해로운 것이 있다. 여기서는 그냥 보편적인 것을 말하겠다.

우리 사회에는 성공적인 삶을 사는 사람들이 많다. 그들의 성공 스토리를 보면 더욱 분명히 이 사실을 확신할 수 있다. 우리는 이제까지 일어나는 마음 모드로 사는 데에 익숙해져 있다. 그런 것조차도 잘 모르고 있기에 쉽게 삶의 모드를 바꾸기는 어려울 것이다. 하지만 두 가지 마음 작용이 있다는 것과 그것들의 기본 특성이나 대처 요령을 알면, 일어나는 마음에는 덜 영향을 받고 일으키는 마음에는 더 영향을 받을 수 있는 삶을 살 수 있을 것이다. 일어나는 마음과 일으키는 마음을 알면 여러 상황에서 자신을 지킬 수 있다. 일어나고 있는 부정적 마음을 자신과 분리하여 거리를 둘 수 있기 때문이다. 또한 원하는 자기 변화를 얼마든지 성공적으로 이끌어 낼 수도 있다.

지금 세상에는 성공과 자기계발에 관한 정보가 넘쳐난다. 하지만 그것을 실천하게 해 주는 '일어나는 마음'이 없어 그림의 떡인 경우가 많다. 일어나는 마음과 일으키는 마음에 대해 알면 알수록 왜 변화에 성공하지 못했는지 그리고 어떻게 하면 성공할 수 있는지 그 이유와 원리를 자연스럽게 깨닫게 될 것이다.

| 차 한 잔의 변화 |

• 우리 삶을 이끌어 왔던 것은 과연 내가 정한 의미 있는 목표였을까요, 아니면 단순히 육체적 · 정신적 욕구나 반응에 불과한 것이었을까요?

"백년 살 것 아닌데 한 사람 따뜻이 하기

어찌 그리 힘드오." - 김초혜 〈사랑굿〉 중에서 -

저자가 운영하고 있는 명상원에 들어오면 첫눈에 정면에 있는 위의

판각이 보인다. 빛바랜 나무토막이 가진 작은 글이지만, 한 세월을 산

백발노인의 충고와 덕담이 웅혼하다. 사람들이 명상원을 찾는 주요한 이유가 바로 이 내용에 있고, 이 내용은 또 명상이라는 것을 통해 실천해 가야 할 핵심적인 가치이기도 하다. 세상을 살면서 본의 아니게 다른 사람의 마음을 다치게 하기도 하고 또 내가 다치기도 한다. 그렇게 할 의도는 아니었는데 그렇게 되니 상처의 골은 더욱 깊다. 그런데 나 때문에 마음을 가장 많이 다치는 사람은 누구일까? 생각해 보면 금방 답이 떠오른다. 바로 나와 가장 가까이 있는 사람들이다. 너무 가까워 신경을 안 써서일까, 아니면 바라는 것이 너무 커서일까? 우리는 가장 사랑해 주어야 할 그 한 사람의 마음을 가장 아프게 하며 살기 일쑤다. 시간이 지나고 마음이 평정되고 나면 아무것도 아닌데 생각이 틀어진 그 순간에는 온갖 부정적인 기억과 감정으로 오직 상대방을 누르려고만 한다. 심지어는 상대방을 극단적인 코너로 몰기도 한다. 훗날 후회와 미안함으로 반드시 대가를 치를 것이다.

그렇다면 나의 마음을 가장 아프게 하는 사람은 누구일까? 나와 가장 가까이 있는 사람, 아니면 나를 미워하는 사람? 그럴 수도 있겠지만 솔직히 말하면 바로 나 자신이다. 별로 생각을 안 해 봐서 그렇지 나를 힘들게 하는 가장 큰 주범은 진짜 나다. 나도 나를 마음대로 못 하기 때문이다. 그래서 우리는 따뜻하게 해 주어야 할 또 하나의 중요한 대상을 찾는데, 그것은 바로 자기 자신이다. 인생살이는 누구나 힘들다. 잘 살아 보겠다고 버둥대지만 정작 자기 한 사람도 따뜻하게 하지 못한다. 자신조차 따뜻하게 할 수 없는 사람이 어떻게 다른 사람을 따뜻하게 할 수 있을 것인가. 아마도 많은 사람들이 자신을 돌아볼 여유가 없을뿐더러 그렇게 하는 방법을 몰라 더욱 그럴 것이다. 그러니 그저 다른 사람으로부터 사랑 받기만을 원한다. 불은 자신의 열로 주변을 데운다. 마찬가지로 소중한 사람들을 따뜻하게 하려면 반드시 나 자신을 먼저 충분히 따뜻이 해야 할 것이다. 나 자신의 따뜻함이 있어야 자신감과 행복, 건강은 물론이고 다른 사람들의 행복을 위해서도 힘을 쓸 수 있을 것이다.

| 차 한 잔의 변화 |

• 가장 상처를 많이 주는 대상은 누구일까요?

• 미워서 상처를 주는 걸까요, 아니면 사랑해서 상처를 주는 걸까요?

• 나 자신이 나를 어떻게 힘들게 하나요?

• 내가 진정 원하는 것은 내가 원하는 것일까요, 아니면 그냥 습관과 충동일까요?

• 자신을 어떤 방식으로 사랑하고 있나요?

자기 자신과 그리고 이제까지 마음을 아프게 했던 사람들을 따뜻이 하기 위해 명상원에서는 '사랑의 마음 주기'를 한다. 이것은 자신과 타인을 위한 기도일 수도 있고 유익한 마음을 일으키는 연습일 수도 있다. 기도는 흔히 하는 일 중 하나다. 그러나 누군가로부터 사랑 받기를 원하거나 다른 이에게 사랑을 주는 것에는 익숙해져 있어도 정작 스스로 자신에게 충분히 사랑을 주지는 못하면서 사는 것이 우리다. 가장 소중히 여겨야 할 대상은 바로 나 자신 아닌가. 자신을 온전히 사랑해야 올바르게 다른 사람을 사랑할 수 있다. 그래서 '사랑의 마음 주기' 혹은 '따뜻한 마음 만들기'는 자신을 사랑하는 것으로부터 시작된다.

"눈을 감고 천천히 숨을 내쉬면서 어깨나 가슴의 힘을 뺍니다. ……
힘을 빼고 가만히 들려오는 소리를 들어 봅니다. 들려오는 소리를 들으며 편안하게 숨을 들이쉬고 내쉽니다. …… 이번에는 편안히 앉아 있는 자신을 생각하며 숨을 들이쉬고 내쉽니다. …… 이제 가장 행복했던 순간을 떠올려 봅니다. 행복해하는 자신의 모습을 그려 보며 스스로에게 반복적으로 말해 봅니다. '행복해지기를, 고통이 없어지기를, 원한이 사라지기를.' 이제 다시 앉아 있는 자신을 느껴 봅니다. 느껴지는 몸의 모든 세포들에게 말해 봅니다. '행복해지기를, 고통이 없어지기를, 원한이 사라지기를.' 이번에는 가장 소중하게 생각하는 사람들을 한 사람씩 떠올려 봅니다. 마찬가지로 그들이 행복해하는 순간의 모습을 떠올리며 말해 줍니다. '행복해지기를, 고통이 없어지기를, 원한이 사라지기를.'"

자신부터 시작하여 소중하게 생각하는 사람들, 친하게 지내는 사람들, 알고 지내는 모든 사람들, 살아 있는 모든 생명들, 이 세상의 모든 존재들 순으로 점차 그 대상을 넓혀 나간다. 잔잔한 음악과 함께 사랑과 사랑의 대상을 생각하다 보면 어느 순간 울컥 하고 연민과 미안함이 밀려오기도 한다. '왜 그때 그렇게 해 주지 못했을까?' '이제 더 많이 사랑해 줄 거야!'

따뜻한 마음 만들기를 하다 보면 사람마다 다양한 반응을 보인다. 그래도 공통적으로 가지는 대표적인 생각들은 용서와 이해, 헌신, 사과 등이다. 한마디로 앞으로 더 잘해 보겠다는 내용들이다. 아마 따뜻한 마음 만들기 할 때의 마음 상태가 일반 생활에서도 계속 이어질 수 있다면 분명 이것만으로도 덜 괴롭고 긍정적인 삶을 사는 데 도움이 될 것이다.

| 차 한 잔의 변화 |

• 3분 동안 사랑의 마음 주기를 실천해 보세요. (자기 자신, 소중한 사람을 대상으로)

• 사랑의 마음 주기는 언제 하면 제일 좋을까요?

• 사랑의 마음 주기를 할 때 기분은 어떤가요?

일어나는 마음 모드, 일으키는 마음 모드

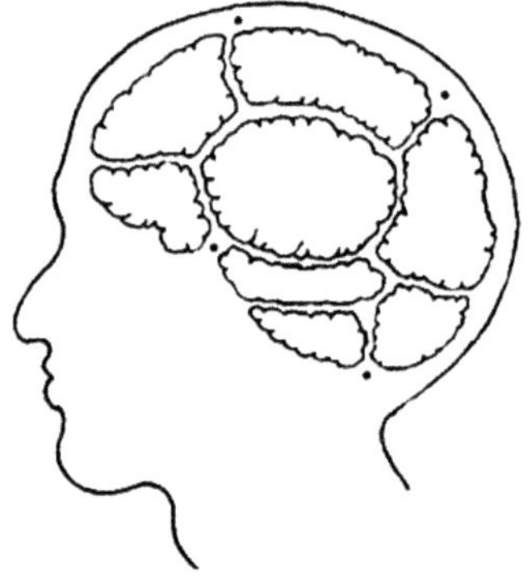

그렇다면 평상시는 왜 그런 마음 상태가 지속되지 않는 것일까? 여기서 우리는 다시 우리의 마음 구조를 생각해 볼 필요가 있다. 앞에서 마음에는 세 가지 기능이 있다고 하였다.

그런데 평소 우리는 주로 일어나는 마음 모드로 지낸다. 일어나는 마음 모드는 사실 나 중심적이다. 나에게서 일어나는 정신적 · 신체적 욕구와 반응을 토대로 하기 때문이다. 그리고 아무리 다른 사람을 이해해 준다 하더라도 자신의 마음보다는 잘 알 수가 없다. 나 자신의 마음을 상대방 또한 내가 생각하는 것만큼 알 수도 없다. 일어나는 마음은 그때의 조건과 상황에 의해 결정된다. 내 의지대로만 되는 것이 아니다. 그리고 일어나는 마음은 7할이 부정적인 것들이다. 부정적인 성질의 것들이라서 나 자신뿐만 아니라 다른 사람들의 마음을 다치게 한다. 마음만 다치게 하는 것이 아니다. 좋은 변화를 방해하고 실패하게 하는 데 큰 역할을 담당한다. 결국 일어나는 마음 모드로 사는 것에 근본적인 문제가 있는 것이다.

반대로 사랑의 마음 주기, 즉 따뜻한 마음 만들기를 할 때는 유익한 마음을 의도적으로 일으켜야 한다. 사랑에는 일어나는 사랑도 있지만 일으키는 사랑이 있다고 여러 번 말했다. 사랑의 마음 주기가 대표적인 일으키는 사랑이다. 조금만 의식을 기울이면 일상생활 속에서도 충분히 일으키는 마음의 비중을 늘리며 살아갈 수 있다.

실제로 우리는 매일 이따금씩 꼭 유익한 마음을 일으키며 산다. 유익한 마음을 일으키고 있는 그 순간에는 다른 부정적인 마음들이 일어나지 않는다. 일석이조다. 하지만 아쉽게도 그때뿐 그 시간과 횟수를 연장시키지는 못했다. 그래서 효과적으로 유익한 마음을 일으키기 위해서는 그 나름대로의 공부와 연습 그리고 전략이 필요한 것이다. 그냥 하고 싶다고 되는 것은 아니지만 그렇다고 그 공부가 어려운 것도 아니다. 관심만 있다면 책을 읽고 있는 지금 이 순간부터 실천할 수 있다.

마음을 다치게 하고 성공적인 변화에 실패한 것은 전적으로 일어나는 마음 모드로 살았기 때문이다. 그러면 반대로 일으키는 마음 모드로 살면 어떤 결과가 올 수 있을까? 일으킨다는 말에는 우선 스스로의 의지가 강하게 들어 있다. 반드시 해야만 하고 한다면 좋을 생각과 실천을 적극적으로 일으킨다는 뜻이다.

구체적 방법은 뒤에 다시 설명하기로 하고 여기서는 우선 기대되는 결과부터 말하겠다. 일으키는 마음 중심으로 살게 되면 일어나는 마음 모드의 반대가 되어 반드시 성공의 길을 갈 수 있다고 확신한다. 그 안에는 마음을 다치게 하는 것이 아니라 다친 마음을 치유하는 신통한 능력이 들어 있다. 즉 그 누구도 못하는 내 마음 내가 지키기를 스스로 할 수 있는 것이다. 원하는 방향으로 내 마음을 이끌어 내어 무엇이든 내가 원하는 대로 할 수 있다고 생각하면 감격스럽고 흥분되지 않겠는가? 그리고 충분히 도전해 볼 가치가 있다고 생각하지 않는가? 이보다 더 좋은 것이 세상에 뭐가 있을까? 긍정적인 인격의 변화도 이때 물 흐르듯 따라온다.

| 차 한 잔의 변화 |

• 지금 좋은 생각 한 가지를 일으켜 봅니다.

• 만약 좋은 생각만을 하고 산다면 어떤 결과가 기대될까요?

• 좋은 생각을 일으키고 지속하려면 무엇이 필요할까요?

지금 독자들이 만약 이 책을 읽고 있다면 이 순간 책의 내용과 관련된 많은 생각들이 왔다 갔다 할 것이다. 이번에는 바로 그 '생각'들에 대해서 한번 생각해 보자. 지금 하고 있는 생각들은 과연 본인이 지금 이 순간 일으키고 있는 것인가, 아니면 책의 내용 때문에 일어나고 있는 것인가? 쉬워 보이기도 하는데 무척 헷갈리는 일일 수도 있다. 그 생각을 지금 내가 하는 것 같기도 하고 저절로 어떤 생각이 드는 것 같기도 하다.

이와 같이 평소 우리는 반드시 두 가지 모드 중 하나의 상태에 있는데 생각을 하고 있거나 아니면 일어난 생각을 알고 있거나이다. 짧은 순간이지만 그 사이 또 많은 생각들이 왔다 갔을 것이다. 과연 그 생각들은 내가 의도한 것인가, 아니면 그냥 지금 이 순간의 상황 때문에 일어난 것인가? 생각할수록 머리가 복잡해진다. 나중에 시간을 두고 천천히 자신의 생각을 음미해 봐도 좋다. 그러나 우선 알아야 할 것이 있다.

첫째, 깨어 있는 내내 무슨 내용이든 생각은 항상 있다.
둘째, 그 생각들은 일으킨 것이거나 일어난 것 두 가지 중의 하나다.
셋째, 일으키고 있는 시간보다는 일어나고 있는 시간이 더 많다.

'무슨 소리야! 다 내가 하고 있는 것 아니야?' 이렇게 본인이 다 하는 것이라고만 생각한다면 하고 싶은 생각만 하면 된다. 하지만 과연 현실은 그러할까? 예를 들어 운전하고 있거나 버스 타고 있을 때를 생각해 보자. 운전하는 내내 머릿속은 무수한 생각들로 쉼 없이 채워진다. 그 생각들은 그렇게 생각해야지 하고 의도해서 일어난 것이기보다는 그냥 그때 우연히 일어났을 뿐이다. 그래서 차에서 내릴 때 자신이 무슨 생각을 하며 왔는지조차 기억하지 못할 때도 있다. 또 정신을 집중해 운전하는 것에만 몰두하려 해도 몇 초가 지나면 또다시 의도하지 않았던 혹은 습관적으로 일어나는 생각들로 마음 공간은 차 버린다.

그러나 우리의 마음이 매 순간 의도하지 않은 생각으로만 채워지는 것은 아니다. 화투를 치다가 무슨 패를 낼 것인가, 혹은 극장에서 어떤 영화를 볼 것인가를 선택할 때 우리는 우리의 의도대로 한다. 그러나 생각해 볼수록 스스로 할 때보다는 그냥 조건적으로, 습관적으로 일어나는 경우가 더 많다는 사실을 깨닫게 된다. 그런데, 하기 싫은데 계속해서 어떤 생각이 일어나면 여간 괴로운 일이 아닐 것이다. 그런 경우를 종종 경험한다. 또 그 증상이 심하면 병원에 가서 치료까지 받아야 한다. 만약 원하지 않는 생각들이 내게 밀려온다면 그 순간 그 생각들에게 한번 물어보자. "도대체 누구 생각이니?"

 # 만들어지는 행복, 만들어 가는 행복

이번에는 지금 이 순간의 감정에 대해 생각해 보자. 사람은 매 순간 어떠한 감정의 상태에 있다. 좋은 감정, 나쁜 감정, 아니면 특별하지 않은 감정 등. 책을 읽고 있다면 뭐 그다지 특별한 감정 상태는 아닐 것이다. 그냥 편안하다거나 나쁘지 않은 상태라고나 할까. 그런데 이러한 감정 상태는 과연 내가 지금 이 순간 만들고 있는 것일까, 아니면 책을 읽다 보니 그렇게 만들어지고 있는 것일까? 감정은 생각보다 덜 헷갈릴 것이다. 왜냐하면 좋은 일이 있으면 좋은 감정이 만들어지고 좋지 않은 일이 있으면 좋지 않은 감정이 만들어진다는 것을 확실히 알기 때문이다. 결국 감정이라는 것도 조건적으로 만들어지는 것이다.

우리는 누구나 즐겁고 행복해지기를 바란다. 그런데 우리 스스로 즐겁고 행복한 것이 아니라 우리를 즐겁고 행복하게 해 주는 조건이 있을 때 그런 감정을 느끼는 것이다. 그래서 기를 쓰고 즐겁게 해 주는 조건을 만드느라 뼈 빠지게 사는 게 삶이다. 만약 스스로 자신의 감정을 만들 수 있다고 생각한다면 당장 책을 덮고 행복해하라. 더 이상 책을 읽을 필요가 없는 사람이다.

 # 만들어지는 컨디션, 만드는 컨디션

자! 이번에는 현재 마음의 상태, 즉 정신적 컨디션에 대해 생각해 보자. 지금 이 순간 상황에 따라 사람마다 활기찬 사람, 기운이 처진 사람, 그냥 멍청한 상태에 빠져 있는 사람 등 정신적 컨디션이 다 다를 것이다. 책 읽기에 대해서도 생각해 보자. 청소를 다 해 놓고 커피 한 잔 하며 소파에 편안히 앉아 느긋하게 책을 읽고 있는 사람도 있고, 서점에 서서 책을 살 것인지 그냥 읽고 말 것인지 판단하기 위해 대충 후딱 읽고 있는 사람도 있을 것이다. 아니면 이른 새벽 오롯한 정신으로 독서를 하는 사람이 있는가 하면 저녁 연속극을 보고 나서 잠이 올 때를 기다려 책을 읽을 수도 있다. 이렇듯 저마다 정신적 상태 혹은 컨디션이 다른데 그 마음의 상태는 본인이 지금 만들고 있는 것인가, 아니면 이것도 상황에 의해 만들어지고 있는 것인가?

어떤 결론이 나왔을까? 이것도 분명 조건적으로 만들어지고 있음을 인정할 수밖에 없다. 마음의 상태는 무슨 일을 경험하느냐에 따라 혹은 아침에 일어나 봐야 알 수 있는 내용이지 스스로 결정할 수는 없는 것이다. 그러나 운동과 절제라는 간접적인 방법을 통해 그 나름대로 컨디션을 조절하려 애쓴다. 그렇게 해야 그나마 좋은 상태가 만들어지기 때문이다. 스스로 하는 것 같아도 운동과 절제도 알고 보면 마음의 상태를 만드는 원인에 해당한다. 결국 마음의 상태도 스스로 만들기보다는 만들어진다고 볼 수 있다. 그래서 편안하고 유익한 마음이 만들어지게 하는 요령을 따로 배울 수도 있다. 바로 이 책에서 설명하고자 하는 내용이 이것이고, 이것이 명상의 한 테크닉으로 실천되고 있다.

그 다음으로 우리는 지금 이 순간 몸의 느낌에 대해 생각해 봐야 한다. 몸의 느낌 또한 우리가 깨어 있는 내내 어떤 형태로든 존재한다. 의자에 엉덩이가 닿아 있는 느낌, 가려운 느낌, 허리가 불편한 느낌, 덥거나 추운 느낌, 피곤한 느낌 등이다. 그럼 한번 그 느낌들이 어떤 방식으로 존재하고 있는지 생각해 보자.

자! 어떠한가? 몸의 느낌들을 우리 스스로 만들고 있는가, 아니면 그것들이 조건적으로 그냥 일어나고 있는가? 물론 오래 생각해 볼 필요 없이 그냥 조건적으로 만들어지고 있음을 알 수 있다. 그런데 우리는 우리 몸에서 만들어지는 느낌을 마치 내 것인 양 착각하는 버릇이 있다. '내가 아프고 내가 졸리고 내가 가렵다'고 여긴다. 하지만 엄밀히 따져 보면 그 느낌들을 우리 자신과 동일시할 수는 없다. 분명 다른 것들이고 그냥 조건적으로 그리고 일시적으로 생겨났다 사라지는 현상일 뿐이다. 그런 느낌들을 우리는 기다리기도 하고 또 그런 느낌들이 없어지기를 바라기도 한다. 없어지기를 바라는 느낌이 있다면 그것이 생겨나는 조건과 원인을 안 만들면 그만이고, 기다리는 느낌이 있다면 더 이상 마음이 홀리지 않도록 주의하면 된다. 미래 괴로움의 원인은 모두 생겼으면 하는 느낌에 집착하고 빠지게 되는 데 있기 때문이다.

또 우리가 생각해 보아야 할 것이 있다. 바로 우리 몸의 작용들이다. 지금 이 순간 분명 이 책을 읽고 있는 분이라면 심장은 뛰고 있을 것이고 피는 돌며 허파는 받아들인 산소를 혈액에 공급하고 있을 것이다. 방금 전에 먹은 식사를 위와 장은 부지런히 소화를 시킬 것이고 60조 개의 몸의 세포들은 저마다 생존과 분열을 준비하고 있을 것이다. 지금 이 순간 벌어지고 있는 이 모든 작업은 과연 우리의 의도대로 되고 있는 것인가, 아니면 저들이 그냥 알아서 잘 해 주고 있는 것인가?

이제 대답이 자동으로 나올 것이다. 저들이 그냥 알아서 잘 해 주고 있는 것이다. 알아서 잘 해 주고 있는데 만약 그것을 방해하게 된다면 그땐 소위 질병이라는 것이 발생한다. 우리 몸은 스스로 치유할 수 있는 기능을 가지고 있다. 그런데 그 한계치를 넘어서게 되면 우리 몸도 어쩔 수가 없게 된다. 그냥 내버려 둬라. 이것이 근원적인 건강의 철칙일 것이다. 그런데 어떻게 가만히 내버려 둘 수 있을까? 그것도 마음대로 안 되는데. 그래서 마음을 다루는 테크닉이 필요한 것이다.

그렇다면 잠을 잘 때 꾸는 꿈은 어떠한가. 원하는 꿈을 꿀 수 있는가 아니면 그냥 꾸어지는 대로 꿀 뿐인가. 꿈의 내용은 잠들어 봐야 알 수 있지 잠들기 전에는 절대 알 수 없다. 꿀지 안 꿀지도 모르고, 꿈을 꾸어도 기억조차 안 날 수도 있다.

마지막으로 던지는 질문이 하나 있다. 가장 중요하고 핵심적인 것이다. '왜 태어났는가?'이다. 혹시 세상에 위대한 업적을 남기려고? 아니면 뭔가 의미 있는 삶을 살아 보았으면 해서? 답은 '아무도 모른다'이다. 어느 날 그냥 정신 차려 보니 태어나 있었다. 태어나고 싶다거나 태어나야겠다는 나의 의지는 전혀 반영되지 않았다. 순전히 부모님의 의지였을 뿐이다. 전생을 믿는 분들은 그래도 전생에 내가 원했기 때문에 태어난 것이라고 생각할 것이지만 지금으로서는 알 도리가 없다.

예전에 생일날 불러 주는 노래가 있었다. "왜 태어났니~ 왜 태어났니~"라는. 태어남에 대해 생각하면 할수록 고마움을 느끼는 분들도 있지만 억울해하는 분들도 있을 것이다. 그렇다고 어찌할 도리는 없다. 내 의지로 세상에 나온 것이 아니었으니까. 그래도 어느 순간부터 우리는 마치 우리가 세상에 오고 싶어 제 발로 온 것처럼 태연히 산다. 그리고 기를 쓰고 앞만 보고 산다. 그 속에서 스스로 삶의 의미와 목표를 가진다. 마치 그것을 위해 태어난 것처럼 말이다. 아마 자신도 모르게 자신에게 최면을 거는 것 같다. 그런데 그 최면이 언제부터인가 현실이 되는 것이다. 그래서 그렇게 믿어 버린다. 가장 흔히 악용되는 최면의 내용이 있다. "나는 당신을 사랑하기 위해 태어났습니다." 그러나 같이 살아 보면 그렇게 말할 필요가 없어진다는 것을 안다. 인간이 최면에서 왜 그렇게 빨리 깨어났는지 억울하다.

태어남이 있다면 반드시 함께 하는 것들이 있다. 늙음, 병듦, 죽음이다. 요즘 주목을 끌고 있는 텔레비전 프로그램 중에 '생로병사의 비밀'이라는 것이 있다. 과학적으로 그 비밀을 밝혀 보고 지혜롭게 대처해 보자는 취지의 내용들인데 모두가 유익한 정보를 주고 있다. 생로병사, 태어난 이상 아무리 발버둥 쳐도 피해 갈 수 없는 것들이 바로 늙음, 병듦, 죽음이다. 우리는 할 수 있다면 이러한 것들로부터 벗어나기를 간절히 바라고 있다. 하지만 그것은 분명히 희망사항일 뿐이다. 그러니 피해 갈 수 있는 것은 피해 가도록 노력하고 그렇지 못한 것은 잘 받아들이는 연습이 필요하다.

이제까지 우리는 우리와 정신적·물질적으로 관련된 거의 모든 것들에 대해서 생각해 보았다. 이 책을 읽고 있는 독자라면 지금쯤 어떤 생각이 들고 있을까? 우리 뜻대로 되고 있는 것이 그리 많지 않다는 사실을 잘 알았을 것이다. 이렇게 본질적으로는 자신의 의지대로 되지 않는 경우가 많지만 현실의 삶에선 자신의 마음대로 되어 주기를 원하는 것이 사람이다. 그래서 알아야 한다. 자기 자신조차도 자기 일이 마음대로 되지 않는데 하물며 다른 사람들이 자신이 원하는 대로 해 주기를 바라서는 안 된다는 것을. 서로 마음을 다치게 하는 일들은 그것을 모르는 데서 생긴다.

그런데 이보다 더 이상한 사람들이 있다. 세상이 자신이 원하는 대로 따라 주기를 바라는 사람들이다. 간혹 주변 조건이 자신이 원하던 대로 될 때도 있다. 그러면 그 순간 우리는 만족이나 행복을 경험한다. 그래서 노력하면 될 수 있다고 믿고 그 행복감을 느껴 보기 위해 또다시 노력한다. 현실적으로 보면 의도대로 되는 일이 있고 그렇지 않은 일도 있다. 그것을 잘 구별할 줄 알면 철이 들었다고 말한다.

자신이 원하는 것과 만들어지고 있는 결과와의 거리가 좁으면 좁을 수록 행복해한다. 하지만 원하는 바와 만들어지고 있는 결과와의 거리가 멀면 멀수록 괴로움은 커진다. 만약 덜 괴롭고 더 행복해지기를 원한다면 한 가지 분명한 원칙을 알면 된다. 즉 원하는 바와 되고 있는 결과와의 거리감을 좁히는 것이다. 거리를 좁히는 방법으로는 무엇이 있을까? 두 가지가 있을 수 있다. 하나는 정말 세상일이 다 내 마음대로 되는 경우다. 또 하나는 바랄 걸 바라면 된다. 원칙이 이해되었다면 한번 곰곰이 자신의 경우를 생각해 보기 바란다.

지금 우리는 우리의 마음을 좀 더 다른 시각으로 바라보고 있다. 어찌 보면 더 적나라하고 사실적으로 바라본 것이라 할 수 있다. 어렵고 추상적이라 생각했던 마음을 이렇게나마 한번 바라볼 수 있는 것도 정신 건강에는 도움이 될 것이다. 우리가 알아야 할 가장 핵심적인 내용은 '일어나느냐, 일으키느냐'이다. 또 그것을 알고 있느냐 모르고 있느냐이다. 우리는 평소 일어나고 있는 것을 마치 내가 일으키고 있다고 착각하고 산다. 조건적으로 또 일시적으로 일어나는 것을 나와 동일시하게 되면 그만큼 직접적으로 강한 영향을 받을 수밖에 없다. 하지만 나와 분리시켜 거리를 둔다면 상황은 달라질 수 있다. 이러한 마음의 태도 변화는 마음을 다치지 않게 하고 성공적인 변화를 가져오게 하는 중요한 원리로 작용할 것이다.

한 가정주부가 마트에 쇼핑을 갔다고 하자. 마트에 들어서서 진열

된 여러 상품들을 보게 되면 원래 구매 목록에 없던 것이라도 사고 싶은 욕구가 생겨날 것이다. 만약 그 순간 그것이 대상을 보면서 생겨난, 하나의 일어난 마음이라는 사실을 깨닫는다면 쉽게 그 생각을 떨쳐 버릴 수 있다. 어떤 경우는 분명 일어난 생각이라고까지 알았는데 지독하게 그 생각이 떨어져 나가지 않을 때도 있다. 그런 사람은 마트에 들어가기 전부터 정신 바짝 차리고 '내가 저기 들어가면 분명 충동 구매 욕구가 일어날 거야!'를 생각하고 단단히 마음의 준비를 하고 들어가야 한다. 그래도 안 된다면? 그럼 평소 부지런히 칼을 갈아야 할 것이다. 어떤 칼이 필요하고 어떻게 칼을 가는지는 이 책을 읽어 가며 공부하면 알 것이다.

| 차 한 잔의 변화 |

• 앞에서 읽었던 내용을 잠시 다시 생각해 보면 어떨까요?

• 생활 속에서 우리의 의도대로 되고 있는 것들은 어떤 것들인지 생각해 보세요.

 # 마음의 색깔 알기

일어나는 마음 모드로 살게 되면 분명 이끌리는 삶을 살 수밖에 없다. 그런데 살다 보면 일어나는 마음들이 오히려 큰 도움이 될 때가 있다. 창작이나 예술적 영감을 필요로 하는 예술가나 작가들에게는 일어나는 마음들이 예술 활동에 결정적 역할을 할 것이다. 또 인간의 본성에는 연민과 사랑의 마음, 부끄러워하고 반성하는 마음, 믿음, 열망 등이 있는데 이것들이 일어나 좋은 면에서 활용된다면 분명 유익할 것이다. 사랑, 믿음, 열망 등의 몇몇 마음들은 일어나기도 하고 혹은 일으키기도 한다. 이왕이면 아름다운 마음의 작용들이 많이 일어나거나 그런 마음들을 많이 일어나게 하면 좋을 것이다.

명상을 할 때에도 일어나는 마음들을 활용하기도 한다. 요즘 사람들은 오래 명상을 배워 스스로 실천하기보다는 그냥 필요로 할 때 바로 도움 받기를 원한다. 그런 사람들에게는 명상을 하게 하는 것이 아니라 명상을 시켜 준다. 무슨 말인가 하면 명상을 지도하는 사람이 최면을 걸듯 명상 효과가 나타나는 멘트를 해 주어서 상대방이 손쉽게 명상의 상태를 체험하게 하는 것이다. 이것을 치유명상이라고 하는데 앞으로 점차 대중화될 것이다. 명상에 필요한 마음이 일어나도록 유도하여 명상하게 하는 것은 일어나는 마음을 이용하는 것이다.

이렇게 일어나는 마음도 알고 보면 여러 종류가 있다. 크게 세 가지로 나눌 수 있는데 긍정적인 것, 부정적인 것, 그리고 이것도 저것도 아닌 것이다. 우리가 문제를 삼는 것은 부정적으로 일어나는 것들이다. 이것들이 우리의 마음을 다치게 하고 성공적인 변화를 방해하기 때문이다. 그렇다면 일으키는 마음에는 다 좋은 것만 있을까? 그렇지 않다. 일으키는 마음에도 세 종류가 있다. 유익한 것, 해로운 것, 유익하지도 해롭지도 않은 것이다. 범죄자가 범죄를 저지르겠다고 궁리하고 결심한다면 이러한 경우는 해롭게 마음을 일으킨 경우이다. 여기서 우리가 주목하는 것은 당연히 유익한 마음을 일으키는 것이다.

마음의 기본 작용에는 일어나는 것과 일으키는 것이 있고, 그 각각의 마음 작용에는 긍정적인 면과 부정적인 면이 있음을 알게 되었다. 우리는 이러한 마음에 대한 이해를 토대로 일어나고 있는 부정적 마음들로부터 영향 받지 않도록 하고 그러면서 유익한 마음 일으키는 것

76

을 배워야 한다. 그렇게 함으로써 우리는 서로의 마음을 따뜻하게 하며 살 수 있고, 긍정적인 삶의 변화를 이끌어 낼 수 있기 때문이다. 이것이 곧 이 책에서 말하고자 하는 클리어 마인드 & 클리어 라이프 전략의 요지이다.

| 차 한 잔의 변화 |

· 일어나는 것과 일으키는 것을 구별해 안다면 어떤 변화가 생길 수 있을까요?

· 일어나는 생각 중에서 우리의 삶에 도움이 되는 것이 있다면

  어떠한 것들이 있을까요?

· 유익한 마음을 일으킨다면 지금 어떤 마음을 일으키고 싶은가요?

일어나는 마음과
일으키는 마음을 구별하라!

전략적으로 마음이 만들어지고 있다고 보기 위한 연습으로
일어나는 마음, 일으키는 마음 구별하기를 시도해 보았다.

- 마음의 작용에는 일어나는 마음과 일으키는 마음이 있다.

- 우리는 평소 다 내가 일으키는 것이라 여기지만 절반 이상은 일어나는 마음이다.

- 일어나는 마음의 7할은 부정적이며 자기중심적이다.

- 일어나는 마음 중심의 삶은 마음을 다치게 할 뿐만 아니라 변화와 성공을 실패하
  게 만든다.

- 변화와 성공을 위해서는 일어나고 있는 부정적 마음들로부터 영향 받지 않고 유익
  한 마음을 일으키며 살아야 한다.

- 마음의 상태는 대상을 어떻게 알고 있느냐에 따라 결정된다.

- 대상을 인지하는 방식을 바꾸면 자동적으로 마음의 상태도 변한다.

- 대상을 인지하는 방식을 바꾸어 일어나는 마음, 일으키는 마음을 구별하고 그 특
  성을 파악하면 부정적으로 일어나는 마음들을 자신의 마음과 동일시하지 않고 거
  리를 둘 수 있다.

- 마음의 상태가 변하면 삶도 변한다.

가장 행복했던 순간을 떠올려 봅니다.
행복해하는 자신의 모습을 그려보며
스스로에게 반복적으로 말해 봅니다.

"행복해지기를
고통이 없어지기를
원한이 사라지기를"

마음은 있는 것이다 혹은 만들어지는 것이다가 중요한 것은 아니다.

마음을 보는 방식을 바꾸어 우리가 원하는 결과를 성취하면 그만이다.

여기서는 전략적으로 마음이 만들어지고 있다고 생각하여

부정적 마음들에 대처하고 필요한 마음들을 만들어 내게 하는 것이 목적이다.

마음이 만들어지는 것이라 본다는 것은

다른 말로 마음을 만들어 가는 것이라고 보는 것이다.

마음을 만들어 가는 것이라 본다면

우리의 삶도 당연히 만들어 가는 것으로 보게 될 것이다.

어떤 사람들은 우리의 삶이 마치 정해져 있는 것처럼 믿고 살거나

혹은 간절히 기원하면 누군가 우리의 삶을 변화시켜 줄 것이라 믿고 산다.

마음을 다룰 줄 알게 되면 마음뿐만 아니라

우리의 삶도 스스로 만들어 가는 것임을 분명히 알 것이다.

제 2 장

클리어 마인드 &
클리어 라이프 전략이
필요한 이유

(스스로 만들어 가는 인생을 살라)

사람들은 더 나은 삶을 위해 변화나 성취를 원한다. 그리고 그런 변화가 일어나면 행복해지고 운명도 바뀔 수 있다고 믿는다. 웬만큼 세상 경험이 있는 사람들이라면 어떻게 해야 변화가 오는지 그리고 어떻게 하면 잘 사는지 대략 답을 알고는 있다. 그러나 답을 알아도 지속적으로 실천하지 못하는 것이 문제다.

지금 이 순간에도 우리 주변에는 살 빼고 담배 끊는다는 사람, 운동이나 영어 공부 열심히 해 보겠다는 사람 등이 많다. 말은 비단처럼 좋았으나 결과는 어떠한가? 오직 꾸준한 실천만이 명답이 될 것이다. 명상을 배우는 사람들조차 강의를 들을 때는 집에 가서 열심히 실천해 보겠다는 의지를 일으켰다가도 저녁이 되면 텔레비전 연속극 보는 재미에 빠져 될 대로 되라는 식이 되고 만다. 그래도 미련은 있어 그저 어느 순간 갑자기 변화가 찾아오기를 고대하며 여기저기 손쉬운 방법이 없나 기웃거린다.

사람들은 그 나름의 멋진 변화를 원하는데 왜 그것이 쉽게 일어나지 않는 걸까? 여러 이유가 있겠지만 보통 끈기와 노력 부족 때문이라고 한다. 겉으로 드러난 현상만으로 볼 때 분명 그렇다. 누구는 변화에 필요한 인내와 노력을 기울이는 반면 누구는 그렇지 못한 것처럼 보인다. 그리고 이런 것을 성격 혹은 성품 때문이라고 여긴다. 그래서 자신의 성격 혹은 성품을 변화시켜 인내형, 노력형으로 바꾸려고 한다. 그러나 성격 혹은 성품을 어떻게 쉬이 바꾸겠는가. 아마도 사람들이 변화에 실패하는 이유는 이렇게 자신의 성품을 바꾸려고 하기 때문일 수도 있다.

그런데 그보다 더 근원적인 실패의 원인이 있다. 일어나지 말아야 할 마음에 제대로 대처하지 못하고 또 막상 일으켜야 할 마음을 어떻게 불러일으키는지 그 요령을 몰라서이다. 변화에 실패하는 사람들의 공통적 특성은 평상시 일어나고 있는 부정적 마음들에 쉽게 반응하고 어쩌다 일으킨 유익한 마음은 그냥 계속해서 일어나 주기만을 바라는 소극성이 있다는 것이다.

아무리 좋은 목표와 좋은 마음이 일어났다 해도 마음을 다루는 테

크닉을 모른다면 성공적인 변화를 이끌어 낼 수 없다. 반대로 마음을
다루는 테크닉을 알고 있다면 분명 상황은 달라진다.

| 차 한 잔의 변화 |

• 전에 무언가를 실천하는 데에 실패했다면 그 원인은 무엇이었을까요?

• 지금 자신에게 일어나지 말아야 할 마음들은 어떤 것들일까요?

• 지금 나에게 필요한 마음들은 또 어떤 것들일까요?

클리어 마인드 & 클리어 라이프 전략은 쉽게 알 수 있는 내용들로 되어 있다. 그것을 가지고 평소 잊고 있던 중요한 사실들을 자각하게 하고 마음의 변화를 이끌어 내는 것이다. 마음의 변화는 삶의 변화로 이어지는데 의미 있는 삶의 변화가 있었다면 그것은 곧 운명의 변화라고 할 수 있다. 사람들은 운명이라는 것이 마치 정해져 있는 것처럼 믿는다. 자신의 마음도 의지대로 안 되고 세상일마저 원하는 대로 잘 안 될 때, 자신의 복이 그 정도밖에 되지 않는가 보다 하고 수동적 삶의 자세를 취하고 만다. 그래서 스스로의 힘이 아니라 외부의 강한 어떤 힘이나 능력에 의지하여 자신의 삶을 변화시켜 보려 한다. 이것도 전략적으로 보면 어떤 면에서는 효과가 있다. 하지만 스스로 만들어 갈 수 있다면 그 방법으로 자신의 운명을 변화시키는 것이 보다 확실한 대책일 것이다.

자신의 인생이 꼭 자신의 의도대로 되지만은 않는다. 일이 잘 안 되는 데에는 복이나 정성이 부족해서가 아니라 분명히 다른 원인들이 있기 때문이다. 운명이 정해져 있다고 생각한다면 이것은 정말로 이끌리는 인생일 뿐이다. 스스로 만들어 가는 인생이 아니다. 그러나 우리는 정말로 현실적으로 스마트하게 우리의 마음 상태를 변화시킬 수 있다. 보고 아는 방식에 변화를 주고 적절한 요령을 터득한다면, 일어나고 있는 부정적 마음들로부터 덜 영향 받고 유익하고 긍정적인 마음을 적극 일으킬 수 있다. 그렇게 하면 삶이 변하고 삶이 변하면 인생이 변하고 운명도 변한다. 운명론자와 운명 개척론자는 결국 삶의 자세로 결정된다.

| 차 한 잔의 변화 |

• 이제까지 당신은 당신의 인생을 스스로 만들어 왔습니까, 아니면 만들어진 인생을 살아왔습니까?

 토정 선생의 비밀

운명은 정해져 있다고 생각하는 것과 운명은 스스로 만들어 가는 거라 생각하는 것에는 하늘과 땅 차이만큼의 거리가 있다. 이는 마음 가짐이나 삶의 태도가 전혀 달라지는 문제다. 다시 한 번 명심하라. 마음의 상태는 어떤 가치관을 가지고 있는가에 따라 확 달라진다. 삶의 변화를 원한다면 변화에 필요한 확실한 가치관을 가져라. 그리고 스스로 운명을 '만들어 가야 한다'는 발전적 태도를 가져라.

운명이나 팔자 운운하면 이 사람이 떠오른다. 『토정비결』의 저자 토정 선생이다. 우리는 중요한 일이 있거나 한 해가 시작되는 좋은 때에 토정비결을 통해 희망적인 앞날을 추측해 보고자 한다. 토정비결을 본다는 것 자체가 정해진 운명을 받아들이는 것과 같다. 그런데 과연 토정 선생은 정해진 운명론자였을까? 만약 운명이 정해져 있다면 그냥 정해진 대로 살면 되지 무엇 때문에 돈 내고 그것을 미리 보는가.

모든 일은 그저 정해진 대로 일어날 뿐이거늘. 하지만 운명론을 대표하는 토정 선생조차 운명은 만들어 가는 것이지 정해져 있는 것이 아니라고 했다. 제대로 한번 살펴보자.

토정 이지함은 조선 시대 사람이다. 머리에 솥을 쓰고 다녔던 특이한 기행으로도 유명한데 미래를 예시한다는 소문을 듣고 숱한 사람들이 그를 찾았다. 그를 찾았던 대부분의 사람들은 무언가 절박하고 힘들고 불안한 상황에 있는 사람들이었을 것이다. 지금도 마찬가지다. 지푸라기라도 붙잡고 싶은 심정에 있던 사람들은 토정 선생에게 매달렸다.

"선생님, 언제쯤 팔자가 펴지겠습니까?"
"때가 되면 되겠지요."
선문답 같은 대답에 답답함은 오히려 더 가중될 뿐이었다. 깊은 이치를 알지 못할 뿐더러 일일이 다 설명해 줄 수도 없어 토정 선생은 그냥 무덤덤하게 담뱃대만 빨고 있었다.
"그래도 선생님, 무언가 방도가 있지 않을까요?"
"방도요? 지은 대로 받고 사는 것 아니겠습니까?"
"그거야 맞는 말이죠. 그런데 어떻게 다른 도리는 없겠습니까?"
거듭되는 애원에 토정 선생은 마지못해 이런 이야기를 해 주었다고 한다.

"사람의 복은 자신이 지어 놓은 대로 받는 법이지. 복은 지은 대로 받지만 그 복의 내용은 노력하면 바꿀 수 있다네."

그가 알려 준 복의 내용을 바꾸는 방법은, 요약하면 밥 적게 먹고 말 적게 하라는 것이었다. 토정의 말에 따르면 사람의 식복은 정해져 있다고 한다. 한 사람이 하루 세 끼를 80년 동안 먹을 수 있는 식복을 타고났는데 만약 다이어트한다고 한 끼를 굶어 버리면 어떻게 될까? 우리는 밥 한 끼 못 찾아 먹었다고 아쉬워할지 모르지만 토정의 견해에 따르면 그 안 찾아 먹은 한 끼의 복은 없어지지 않고 그냥 남아 있는다고 한다. 사용하지 않은 식복 포인트가 세이브되는 셈이다. 그런데 식복 포인트는 마냥 쌓이기만 하는 것이 아니다. 우리가 카드를 써서 포인트가 쌓이면 포인트를 상품권으로 교환하거나 다른 것을 구매하는 것에 사용하듯이 쌓인 식복 포인트는 결국 다른 복으로 전환된다고 한다. 전체적으로 보면 복의 양은 늘지 않았지만 그 안에서 세부 항목이 변한 것이다.

토정의 견해는 오늘날 상식적인 시각에서 보아도 분명 일리가 있다. 왜냐? 요즘은 잘 먹어서 병이 생기지 못 먹어서 병이 생기지는 않기 때문이다. 특히 저녁을 적게 먹거나 먹지 않게 되면 건강은 물론 경제 면에서도 실질적인 효과가 있고, 무엇보다 정신적인 효율 면에서도 월등히 나아진다.

　토정 선생은 밥 적게 먹는 것 외에 말 적게 하라는 비책도 일러주었다. 사람은 기운이 있어야 살 수 있다. 기운은 태어날 때 가지고 태어나는 원기, 음식이나 운동을 통해 얻는 정기, 그리고 수행을 통해 얻게 되는 진기 등이 있다. 정기나 진기는 만들어 내는 것이기 때문에 없어지면 다시 만들면 된다. 그러나 원기는 다시 만들어 낼 수 없다고 한다. 그런데 말을 많이 하면 특히 원기가 빨리 소진되는데 결국 원기가 빨리 소진되는 만큼 빨리 죽는다는 말이다. 그래서 말을 아껴 원기나 기타 다른 기운을 절약해서 건강이나 수명의 복을 늘리라는 취지였을 것이다. 말을 아끼는 것을 재산에 비유한 옛말이 있듯 일반적으로도 말을 많이 해서 득이 되지는 않는다. 할 수 있다면 꼭 필요한 말만 하고 사는 게 정신 건강에 이로울 것이다.

　토정 선생은 '말 적게, 밥 적게'라는 실천 덕목을 일종의 운명을 변화시키는 현실적 방법으로 제시하였는데 요즘 표현으로 치자면 절제라는 것을 적극 실천하라는 뜻일 것이다. 스스로를 다스리는 힘과 정신을 흐트러지지 않게 하는 요령을 배워 어렵고 힘든 순간을 잘 견디어 나가게 했던 것 같다. 그리고 직접적으로 표현하지는 않았지만 토정 선생이 진정으로 말하고자 했던 더욱 근본적인 내용은 바로 지혜로운 인생 경영이었다. 복은 타고난다고 하지만 그 타고난 복을 누리거나 까먹기만 할 수도 있고 경우에 따라서는 그 복을 잘 굴려 더욱 큰 복으로 만들 수도 있다. 부모로부터 재산을 물려받은 경우를 생각하면 쉽게 이해가 갈 것이다. 많은 재산을 물려받았다 하더라도 탕진해 버릴 수 있고 초라한 재산을 물려받았다 하더라도 노력하여 큰 재산을 일굴 수 있는 것이다. 복은 절제와 지혜, 유익한 노력 등 마음을 어떻게 잘 쓰느냐에 따라 변할 수 있는데 그래서 생활 속에서 효과적으로 마음을 다스리는 방법을 일러주고 이를 통해 적극적으로 복의 내용을 변화시키고자 했던 것이다.

| 차 한 잔의 변화 |

• 지금 복을 까먹는 편인가요, 아니면 잘 굴리는 편인가요?

결국 운명은
스스로 만들어 나가는 것임을 명심하라

조용헌의 『담화』라는 책을 보면 운명을 바꾸는 방법에 대하여 언급하고 있다. 두 가지 방법을 제시하고 있는데 하나는 적선을 많이 할 것이고 또 하나는 명상을 할 것이다. 저자가 제 나름 여러 고수들을 찾아다닌 끝에 내린 결론이다. 책 속에 적선을 많이 하여 운명을 바꾼 중국의 한 선비 일화가 실려 있다. 옛 중국 기록에 남아 있다고 한다. 이야기는 다음과 같다.

한 젊은 선비가 어느 날 한 도사로부터 자신의 앞날에 대해 듣게 된다. 언제 무슨 일이 생기고, 몇 살 때 어떻게 되며, 어느 때가 되면 죽는다는 내용이었다. 그 선비는 무슨 운명이 정해져 있느냐고 코웃음 치고 도사의 말을 무시하였다. 그런데 살아가면서 점점 그 도사의 말

대로 되는 것이었다. 그러면서 점차 자신이 죽게 될 나이가 가까이 다가오자 불안이 심해졌고 자신의 운명을 바꾸어 보겠다고 여기저기 도사들을 찾아다녔다. 운명은 바꿀 수 없지만 착한 일을 많이 하면 바꿀 수 있다는 한결같은 말에 선비는 그날부터 선행 장부를 만들어 천 번의 착한 일을 실천하고 기록하였다. 그러고 난 후 자신이 죽게 될 날을 기다렸다. 하지만 죽기는커녕 오히려 더 높은 자리로 승진하게 되고 아무 일도 일어나지 않았다. 그는 그것이 선행의 결과라고 결론 짓고 이번에는 만 번의 선행에 도전했다. 그런데 오늘날 도지사에 해당하는 고위직에 있다 보니 생각만큼 선행을 실천할 여유가 없었다.

그래서 자주 주변 사람들에게 자신이 예전에 선행을 해서 이렇게 높은 자리에 올랐고 수명이 연장되었지만 요즘은 너무 바빠 선행을 실천하기가 힘들다는 푸념을 하게 되었다. 그러던 중 어느 날 한 부하로부터 당신은 말만 하면 한 번에 수만 번의 선행을 실천할 수 있는데 왜 그렇게 하지 않느냐는 건의를 듣게 되었다. 어떻게 말로 선행을 실천할 수 있느냐고 물으니 그 부하의 말이 주민들의 세금을 깎아 주면 되지 않느냐고 했다. 그 선비는 충분히 그렇게 할 수 있는 권한을 가지는 위치에 있었기 때문에 가능한 일이었다. 그 길로 선비는 백성들의 세금을 거의 30%에 가깝게 깎아 주었다. 중국은 옛날에도 인구가 많았을 터이니 30%의 세금을 깎아 주었다면 전체적으로 그 혜택을 입은 사람은 수백만 명이 되었을 것이다. 그리고 그렇게 한 결과 그 선비는 오래오래 행복하게 잘 살았다고 한다. 옛날이야기이긴 하지만 스스로 운명을 변화시키고 개척해 나갈 수 있다는 이치를 강조한 것이다.

우리 명상원의 식구 중에는 중년의 한 남자분이 있다. 그분은 여웃돈을 가지고 주식에 투자하고 있었는데 어느 날 위의 예화를 듣고 자신의 이야기를 소개하였다.

그는 주식을 사고 나면 여기저기 일부러 찾아다니며 선행을 한다고 한다. 그렇게 하면 꼭 자신이 산 주식의 가격이 오르기 때문이라고 한다. 언젠가는 선행하는 것을 실천하지 않았는데 그만 주식 가격이 떨어져 많은 손해를 보았단다. 결과적으로 그분은 그렇게 해서 이제까지 손해 보지 않고 이익을 내고 있다고 한다. 좀 생각해 볼 만한 이야기이다. 뭐가 되었든 선행을 하다 보면 욕심을 덜 내고 욕심을 덜 내니 손해 볼 일이 덜 생기는 이치인 것 같다. 그리고 선행을 한다는 것은 그래도 좋은 마음을 일으키는 것이고 서로에게 좋은 느낌과 결과를 가져오게 하는 것이다.

『담화』라는 책에서는 또 명상을 하면 스스로 운명을 바꿀 수 있다고 했는데 아쉽게도 구체적인 예화나 방법은 없었다. 아마도 너무 방대하고 또 상황에 따라 다를 수 있어서 생략한 것 같다. 대신 명상을 통해 스스로 운명을 바꿀 수 있다는 것을 설명하는 좋은 예화가 있어 여기서 소개하고자 한다.

| 차 한 잔의 변화 |

• 만약 지금 선행일기를 쓴다면 어떤 내용을 쓰겠습니까?

일본에 한 역술가가 있는데 그는 뛰어난 관상가이기도 했다. 그 역술가에게는 절친한 친구가 한 명 있었는데 유명한 연극배우였다. 하루는 역술가가 그의 연극배우 친구를 초대하여 바둑을 한판 두기로 하였다. 연극배우 친구가 역술가의 집에 막 들어섰을 때, 역술가는 깜짝 놀라고 말았다. 친구의 관상이 너무나 좋지 않아 그날을 무사히 넘길지조차 의심스러웠기 때문이었다. 자신의 관상 보기가 틀린 적이 없던 터라 역술가는 내심 걱정이 되었다. 그렇다고 친구에게 사실대로 이야기하기도 부담스럽고 안 하자니 찜찜하고, 가슴 한편으로 무거움이 자리를 잡았다. 바둑을 두면서 이런저런 이야기를 하였지만 마음은 더욱더 불안해졌다. 바둑을 다 끝내고 친구가 집에 돌아갈 시간이 되었다. 역술가는 친구를 붙잡고 아주 간곡하게 일렀다.

"여보게 친구, 자네 오늘 집에 가는 동안 아주 조심하여야 하네. 펑

소보다 더 신중하고 조심스럽게 행동하게나. 또 집에 무사히 도착하거든 절대 집 밖으로 나가지 말고 일찍 자도록 하게나. 부탁일세. 오늘 자네가 너무 걱정이 돼서 그러니 제발 내 말을 잘 듣도록 하게나.”

친구는 너무 걱정하지 말라고 하면서 괜찮다는 듯 웃으면서 집을 나섰다. 그날 친구가 무사히 집에 도착하였다는 연락을 받고 역술가는 안도의 숨을 쉴 수 있었다. 그리고 재차 그날 자정이 될 때까지 절대로 밖으로 나가지 말 것을 신신당부하면서 그냥 일찍 자고 다음 날 꼭 연락을 달라고 하였다. 다행히 그 다음 날이 되어 아무 이상이 없다는 전갈을 받고 역술가는 걱정을 떨쳐버릴 수 있었다. 한편으로 자신의 관상 보는 능력이 떨어진 것이 아닌가 하는 생각이 들었지만 절친한 친구에게 별일이 없다는 사실에 더 마음이 놓였다.

몇 달 후 역술가는 다시 연극배우 친구를 만나게 되었다. 그동안 서로 바빠 어떻게 지내는지 연락을 못하고 살았던지라 무척 궁금하기도 하였다. 역술가는 마음속으로 ‘저번에는 내가 관상을 너무 신경 쓰지 않고 어설프게 봐서 판단을 잘못 내린 것이야! 이번에는 신중하게 한 번 잘 봐야겠군’ 하고 생각했다. 그러고는 친구가 집에 들어왔을 때 자세히 그의 얼굴을 살폈다. 그런데 또 한 번 크게 놀라지 않을 수 없었다. 저번에 보았을 때는 최악의 관상을 하고 있었는데 이번에는 자기가 이제까지 봐 왔던 관상 중에서 가장 좋은 관상을 그 친구가 가지고 있지 않는가! 너무 놀라 인사를 나누기도 전에 서둘러 집으로 들이고는 자초지종을 이야기하기 시작하였다.

"내가 저번에 자네를 보았을 때는 분명 그날을 살아서 넘기기도 힘든 관상을 하고 있었는데 오늘 자네를 다시 보니 그때와는 정반대로 너무나도 좋은 관상을 하고 있는데 나로서는 도저히 이해가 가질 않네. 도대체 그동안 무슨 일이 있었던 것인가?"

그러자 친구는 그저 싱긋이 웃기만 할 뿐 말이 없었다.

"아, 웃지만 말고 말 좀 해 줘 봐!"

"여보게, 자네는 내 직업이 뭔지 아나?"

"연극배우잖아."

"맞네, 내가 밥 먹고 하는 일이 연극 아닌가! 이제까지 거의 30년 가까이 연기해 왔는데 연극할 때마다 맡은 배역이 달라서 그렇다네. 연극을 오래 하다 보니 이제는 내가 연기해야 할 인물의 마음까지도 연기를 하지. 저번에 내가 맡은 배역은 극악무도한 인물이었는데 남을 속이고 못살게 굴고 못된 짓만 하다가 결국엔 많은 사람들에게 죽음을 당하는 역할이었다네. 그러니 매일매일 죽어야 하고 그러다 보니 죽을 관상을 하고 있을 수밖에. 그런데 지금은 정반대의 배역을 맡고 있지. 남모르게 선행을 하고 정의를 위해 싸우다가 결국 임금님과 많은 백성들의 인정을 받아 포상을 받고 나라의 영웅으로 존경받는 그런 인물을 연기하고 있다네. 그러니 매일 연극을 할 때마다 나는 영웅이 되는데 당연히 영웅의 관상을 하고 있을 수밖에."

친구의 설명을 들은 역술가는 무릎을 탁 치고 탄성하며 말하였다.
"그러면 그렇지. 역시 관상은 심상이야."

주변에 역술에 관심 있는 사람들이 여럿 있다. 가끔 그분들과 대화를 나누면서 과연 사주나 역학이라는 것이 맞는 것인지 안 맞는 것인지에 대해 토론할 때가 있다. 어떤 분들은 경험상 맞는 것 같다고 주장하고 또 어떤 분들은 결국 스스로의 노력과 생각에 달린 것이라며 그 효과를 일축하기도 한다. 그런데 한결같이 인정하는 부분이 있다. 바로 관상이다. 사람마다 생김새가 다르고 그 생김새에 따라 사는 길이 분명 차이가 난다는 것이다. 그것은 굳이 전문가가 아니더라도 세상을 오래 살다 보면 경험상 다 아는 일이다. 흔히 인상이 좋다 안 좋다 말하는데 인상은 결국 관상과 같은 말이다. 역술을 전문으로. 하는 사람들이 말하기를, 어떤 사람의 그 당시 운을 판단하는 가장 정확한 기준은 관상이라고 한다. 관상에 그 사람의 현재 건강이나 마음 상태 등이 표현되고 그것을 근거로 가까운 미래를 예상하는 것이다. 경제학자들이 현재 발생하고 있는 여러 경제적 현상의 지표들을 근거로 미래를 예측하는 것과 같은 원리다. 관상이 운명을 가늠할 수 있는 척도

라면 만약 관상이 좋은 방향으로 변한다면 어떻게 될까? 말 그대로 운명이 변한다.

간혹 무언가에 빠져 멍하니 정신을 놓고 있을 때가 있다. 어느 날 그런 나의 모습을 누군가가 휴대전화로 찍었는데 너무 멍청해 보여서 아예 삭제해 달라고 부탁한 적이 있었다. 똑같은 사람의 얼굴이지만 마음 상태에 따라 얼굴의 모습이나 분위기가 무척 달라진다. 지금 근처에 거울이 있다면 한번 스스로 비교해 보라. 같은 얼굴이라도 힘을 빼고 입을 헤 벌리고 있으면 어리석은 사람처럼 보이고 정신을 차리고 눈에 힘을 주고 있으면 얼굴에서 힘이 느껴진다. 마음의 상태가 바로 얼굴의 상태와 직결되는 것이다.

외국인들이 볼 때 한국 사람들은 얼굴이 굳어 있다고 말한다. 또한 얼굴을 찡그리고 있는 경우도 많다고 한다. 그만큼 마음이 굳어 있고 현실에 만족하지 못하기 때문일 것이다. 또 많은 사람들이 좋은 관상을 지녔다는 이야기를 듣고 싶어 하면서 관상이란 것을 선천적으로 태어날 때 가지고 태어나는 것으로 알고 있다. 그러나 위의 이야기처럼 관상이나 인상은 결국 마음 상태의 표시일 뿐이다. 어떤 마음의 상태가 습관적으로 지속되면 얼굴의 근육 자체가 그 상태로 굳어져 버린다. 아무리 잘생기고 예쁜 얼굴을 가지고 태어났다 하더라도 살아가면서 자주 화내고 짜증 내면 밉게 보일 수밖에 없고, 반대로 좀 못생기게 태어났다 하더라도 마음 씀씀이가 고우면 얼굴과 상관없이 편안하고 친근하게 느껴진다. 좋은 관상을 만들어 자기 자신도 마음이 편안하고 자기를 바라보는 다른 사람들에게도 편안함을 주는 것, 이만한 선행이 또 뭐가 있으랴. 면접에서 가장 중요하게 여기는 것도 바로 첫인상이다. 능력이 좋아도 첫인상이 나쁘면 좋은 직장을 얻기 어렵다. 좋은 인상을 만들고 잘 관리하는 것은 성공의 필수 요건이다.

보기 좋은 관상이나 인상은 결국 보기 좋은 마음에서 비롯된다. 그렇다면 보기 좋은 마음은 어떻게 해서 만들 수 있을까? 간단하다. 부정적인 마음일랑 쫓아내고 좋은 마음들일랑 애인처럼 딱 붙여 놓으면 된다. 이 스마트한 실천법이 클리어 마인드 & 클리어 라이프 전략 아닌가.

| 차 한 잔의 변화 |

- 잠시 거울을 한번 바라봅시다.

- 어떤 마음일 때 보기 좋은 표정이 나옵니까?

'생활하며 명상하기, 명상하며 생활하기'라는 삶의 신조를 실천하고자 6년 전 명상원을 차렸다. 거창한 꿈과 목표만 있었을 뿐 구체적 내용은 준비되지 않았다. 그냥 살아가면서 만들면 된다고 생각했다. 그런데 현실은 그렇지 않았다. 명상에 대한 고정관념을 바꾸는 것도 어려웠지만 명상을 연구하고 실천한다고 해서 경제적인 문제까지 해결되는 것은 아니었다. 충분한 준비가 안 되었기 때문에 당연한 결과라 받아들였다. 집세는커녕 기본 생활비조차 모자라는 형편이었다. 시간이 지날수록 빚만 눈덩이처럼 늘어 가고 있었지만 빚이 늘어나는 것 때문에 크게 괴로워하지는 않았다. 언젠가 갚으면 된다는 느긋한 생각이 있었다.

오히려 나를 힘들게 하는 것은 따로 있었다. 바로 내가 하는 일을 이해해 주지 못하고 쓸데없는 짓이라 생각하는 주변 사람들의 시선이

었다. 지금이라도 안 늦었으니 다 정리하고 공부하러 떠나라는 충고
는 그나마 고마운 말에 해당했다. 내가 하는 일이 무슨 사람들을 삿
되게 현혹하는 일인 양 비난하고 방해하는 사람들도 적지 않았다. 어
차피 그런 상황은 각오한 바였다. 그러나 각오는 했지만 매 순간순간
불편하고 불안한 마음에서 자유로울 수는 없었다.

다행히 밥 먹고 하는 일이 명상이었다. 그렇지만 괴롭고 힘든 순간
을 잊고 빨리 좋은 순간이 찾아오기를 바라는 그런 명상은 하지 않았
다. 오히려 일어나고 있는 괴로운 마음을 직시하고 그것이 어떻게 생
겨났으며 또 어떻게 대처해야 그것으로부터 자유로워지는지를 탐구
하는 명상을 했다. 생활 속에서 명상을 해야 한다면 현실에서 만나는
모든 상황이 다 명상의 대상이 되어야 하고 그 해결 방법도 현실에서
찾아야 한다. 삶을 떠나 깊은 산속으로 간다거나 따로 시간을 내어
해야 한다면 그 효과는 제한적이고 내가 바라는 바가 아니다.

결과적으로 그런 노력의 결과 행복한 지금의 순간이 있게 되었다. 되
돌아보니 정말 저절로 된 것은 아니다. 지나온 매 순간순간 어떠한 형
태로든 변화하기 위한 처절한 노력이 있었으며 그 경험의 내용들이 명
상이 되었다. 매주 서울, 대구, 부산, 광주를 오갔지만 텅 빈 순간은
없었다. 열차나 버스에 있는 순간마저 변화의 시간이었다. 매 순간은

또한 수많은 선택의 연속이었다. 그때마다 포기할 수도 있었고 쉽게 가는 다른 길을 선택할 수도 있었다. 그러나 나는 쉬워 보이는 길을 선택하지 않았다. 나의 선택은 곧 나의 운명이 되었다. 가야 할 분명한 목적이 있었고, 또 포기하게 하는 마음들을 물리칠 수 있는 요령도 터득했기에 나의 선택들을 후회하지 않았다. 내가 선택한, 즉 내가 만든 나의 운명을 당연하게 받아들였다.

목적을 향해 나아갈수록 자신감도 커졌다. 성취감에서 비롯된 자신감도 있지만 스스로 나 자신을 알고 세상을 알아가는 만큼 가볍고 밝아진 마음에서 생긴 것이다. 주어진 편안한 길을 갔더라면 몸은 그럭저럭 편했을 것이다. 하지만 스스로 행복해지는 비결은 절대 얻지 못했을 것이다. 그렇다고 모든 사람이 다 새롭게 자신의 길을 찾을 필요는 없다. 찾고 싶으면 찾고 그렇지 않으면 지금 있는 자리에서 괴롭지 않고 지혜로운 발전을 가져오는 삶의 방식을 선택하면 된다. 내 삶에 대한 평가는 다른 사람이 내리는 것이 아니다. 나 스스로 만든 가치에 의해 결정된다. 명심하라. 그 가치는 지금 이 순간에도 변할 수 있다.

스스로 만들어 가는 인생을 위해

마음이 만들어지는 것이라 본다는 것은
다른 말로 마음을 만들어 가는 것이라고 보는 것이다.
마음을 만들어 가는 것이라 본다면
우리의 삶도 당연히 만들어 가는 것으로 보게 될 것이다.

- 사람들은 변화와 성공을 위해 인내형, 노력형으로 자신의 성품을 바꾸려 한다.

- 변화에 실패하는 사람들의 공통적 특성은 평상시 일어나고 있는 부정적 마음들에 쉽게 반응하고 어쩌다 일으킨 유익한 마음에는 그냥 안주하려는 소극성이 있다는 것이다.

- 근원적인 실패의 원인은 결국 일어나지 말아야 할 마음에 제대로 대처하지 못하고 또 막상 일으켜야 할 마음을 어떻게 불러일으키는지 그 요령을 몰라서이다.

- 아무리 좋은 목표와 좋은 마음이 일어났다 하더라도 마음을 다루는 테크닉을 모른다면 타고난 성격이 아니고서는 성공적인 변화를 이끌어 낼 수 없다. 반대로 마음을 다루는 테크닉을 알고 있다면 결단코 상황은 달라진다.

- 마음의 변화는 곧 삶의 변화로 이어지는데 만약 의미 있는 변화가 있었다면 그것은 곧 운명의 변화라고 할 수 있다.

- 마음의 상태는 가치관에 따라 크게 달라진다.

- 삶의 변화를 원한다면 변화에 필요한 가치관을 가지고 있어야 한다.

- 운명은 스스로 만들어 가는 것이다.

- 보고 아는 방식에 변화를 주기만 한다면 그리고 적절한 요령을 배운다면, 일어나고 있는 부정적 마음들로부터 덜 영향 받을 수 있고 대신 유익하고 긍정적인 마음을 적극 일으킬 수 있다. 그리하면 삶이 변하고 삶이 변하면 인생이 변한다. 그리고 운명이 변화된다.

보고 아는 것이 달라지면 우선 마음이 변한다.
인격의 변화는 여기서 시작된다.
또 일상생활 속에서 변화에 필요한 정신적 힘들을 계발시켜 가면
자신과 삶, 세상을 통찰하는 능력이 강해진다.
자신과 삶, 세상을 통찰하면 어떻게 미래를 준비해야 하는지
분명히 알게 되고 원하는 미래를 위해 노력을 아끼지 않는다.
노력과 비례하여 변화는 지속된다.
그런 변화들이 결국 인격의 변화, 삶의 변화, 운명의 변화로
이어지는 것이다.

제3장

클리어 마인드 &
클리어 라이프 전략의
실천 목표

클리어 마인드 & 클리어 라이프 전략
실천의 목적

클리어 마인드 & 클리어 라이프 전략은 여러 번 언급한 대로 삶의 긍정적 변화를 이끌어 내기 위한 실천을 말한다. 그러면 유익한 삶의 변화는 구체적으로 어떤 모습을 보일까? 그동안 명상원을 찾은 사람들을 통해 실제로 경험했던 변화를 알아보고, 그것을 다음 세 가지로 요약 정리했다.

첫째, 마음을 다치지 않게 되거나 또 스스로 다치지 않게 한다.
둘째, 스스로 자신감과 만족감을 만들어 낸다.
셋째, 인격의 변화와 함께 자신이 원하는 성공적인 변화를 이끌어 낸다.

첫째, 마음을 다치지 않게 된다.

마음을 다치면 몸도 다치고 삶도 다친다. 요즘 건강과 자기 계발에 관심이 높아지고 있다. 그런데 마음을 다치면 소용없는 일이다. 행복과 건강, 성공적인 변화를 위해서는 가장 우선시되어야 하는 것이 바로 마음을 다치지 않는 것이다. 마음이나 마음의 상태를 만들어지는 것으로 보고, 보고 아는 방식을 바꾸면 우리는 우리를 힘들게 하는 마음 상태에서 자유로워질 수 있다.

둘째, 스스로 자신감을 만들어 낸다.

괴로움이 없다고 해서 행복한 것은 아니다. 괴롭지 않으면서 무언가 강한 긍정적인 상태로 내 마음이 채워져야 행복은 느껴진다. 보고 아는 방식의 변화지만 그렇게 함으로 해서 우리는 일상생활 속에서 쉽게 유익한 정신적 힘들을 계발시켜 나갈 수 있다. 유익한 정신적 힘들은 자각력, 집중력, 정신력, 통찰력, 믿음 등이 있다. 이런 힘들이 조화롭게 계발되어 함께 작용하면 강한 자신감의 형태로 드러난다. 거만하고 공격적인 힘이 아니라 열정과 확신, 믿음을 불러일으키는 따뜻한 느낌으로 표현될 것이다. 이것이 바로 자신감이다. 자신감이야말로 부정적 마음을 막고 긍정적 마음 상태를 만드는 모태이다. 그런데 우리는 스스로 그 자신감을 만들지 못한다. 자신감을 불러일으키는 외적 조건, 즉 부, 권력, 명예, 재능, 외모 등을 통해 얻고 있는 것이다. 그 외적 조건들을 얻기 위해 투쟁하며 사는 것이 인생이다. 그런 자신감은 조건이 사라지면 순간 허망하게 사라질 것이 분명하다. 하지만 그렇지 않은 진정한 자신감도 있다. 그것을 스스로 만들어 가는 요령을 우리는 여기서 배울 것이다.

셋째, 인격의 변화를 이끌어 낸다.

다른 모든 조건을 다 갖추었다 해도 삶의 시간과 비례하는 인격의 변화가 없으면 스스로 만족감을 얻지 못한다. 사람은 시간 속에 살아가면서 분명 나아져야 한다. 이것이 인격의 변화다. 그런 사람다운 인격의 변화로 행복과 성공은 지속되는 것이다. 행복은 결국 만족이다. 제대로 만족스러운 삶이 아니라면 아무리 여러 가지 만족의 조건을 갖추고 있다 한들 무슨 소용이 있겠는가!

보고 아는 것이 달라지면 우선 마음이 변한다. 인격의 변화는 여기서 시작된다. 또 일상생활 속에서 변화에 필요한 정신적 힘들을 계발시켜 가면 자신과 삶, 세상을 통찰하는 능력이 강해진다. 자신과 삶, 세상을 통찰하면 어떻게 미래를 준비해야 하는지 분명히 알게 되고 원하는 미래를 위해 노력을 아끼지 않는다. 노력과 비례하여 변화는 지속된다. 그런 변화들이 결국 인격의 변화, 삶의 변화, 운명의 변화로 이어지는 것이다.

이것들은 특별한 것이 아니다. 하지만 좀처럼 쉽게 얻어지지 않는 것들이다. 그래서 클리어 마인드 & 클리어 라이프 전략은 이 세 가지를 분명한 목적으로 하는 것이다. 왜 이 세 가지를 갖추어야만 할까? 사람들은 본능적으로 행복해지고 싶어 하고 잘 살기를 원한다. 그런데 위의 세 가지 요소 중 하나라도 부족하면 행복해질 수가 없다. 다시 말해 위의 세 요소는 바로 행복의 필수 요소인 것이다. 인류는 표현과 수단이 다를 뿐이었지 오랜 세월 내내 이 요소들을 간절히 원해 왔다. 그동안 종교와 철학이 그런 역할을 해 오기는 했다. 그런데 여기에 과학적이고 경험적인 원리와 명상적 도구를 추가한 것이 클리어 마인드 & 클리어 라이프 전략인 것이다. 그래서 이 세 항목은 행복의 보고다.

이왕이면 우리는 얻고자 하는 것을 더 구체적으로 알자. 구체적이고 뚜렷할수록 더 얻기 쉽지 않은가. 그동안 제대로 얻지 못한 이유는 분명하고 확실하게 알고 있지 못한 탓이다. 그냥 어렴풋이 생각하고 조금 노력하면 얻어지는 것으로 알았다. 이제 우리는 행복의 필수 요소 세 가지의 필요성, 그것들을 얻을 수 있는 방법, 그 후의 변화를 사실적·논리적으로 살펴볼 것이다.

| 차 한 잔의 변화 |

• 지금 당신은 행복하다고 생각하시나요?

• 만약 그렇지 않다면 행복해지기 위해 당신에게 꼭 필요한 것은 무엇일까요?

클리어 마인드 & 클리어 라이프 전략의 첫 번째 목적은 마음을 다치지 않기이다. 요즘 건강 관리, 몸매 관리, 피부 관리, 안티에이징과 같은 것들이 유행이다. 첨단 기법들이 사용되어 예전보다 훨씬 효과가 좋다고 한다. 그런데 만약 마음이 편치 않다면 그런 것들이 과연 효과를 보일 수 있을까? 혹자는 몸이 편하면 마음도 편해진다고 주장한다. 그렇다면 하루 종일 소파에 편안히 누워 있어 보라. 마음이 편안해지는가? 잠시 불편함을 잊을 뿐이지 없어지는 것은 아니다. 마음이 불편하면 만사가 다 불편해진다.

마음을 다치지 않는다는 것은 다른 말로 마음을 잘 관리한다는 의미다. 행복하고 성공적인 삶이 되기 위해서는 마음 관리가 무엇보다도 필수적이다. 이것은 동서고금을 막론하고 모든 현자들의 공통적인 가르침이다. 그런데 마음을 잘 관리한다고 하면 흔히 마음을 잘 다스린다는 생각을 먼저 한다. 마음을 다스릴 수 있다는 것은 참 좋은 일이다. 그러나 여기서는 마음을 다스려야 한다는 이야기는 하지 않는다. 보고 아는 방식을 바꾸어 마음의 상태를 긍정적으로 변화시키고 발전시켜 나가는 것에 대해 이야기할 것이다. 마음의 상태를 변화시키고 발전시킨다는 것은 곧 마음의 가치를 계발하고 늘려 나가는 것을 말한다.

우리는 평상시 재산이나 지위 등 물질적인 가치에 큰 중요성을 둔다. 그것들을 토대로 든든한 마음을 갖는가 하면 자신의 꿈과 욕망을 실현시켜 나갈 수 있다고 믿기 때문이다. 물질적인 조건은 갖출 수 있다면 어느 정도 갖추고 있는 게 좋다. 그래야 현실적으로 삶이 불편해지지 않기 때문이다. 그렇기 때문에 사람들은 재산을 모으고 잘 관리하기 위해 정말로 열심히 산다. 조금이라도 더 이익을 보고 덜 손해보기 위해 발품을 팔고 시간을 투자하고 필요하다면 전문가에게 자문을 한다. 그런 노력을 통해 재산이 늘어나고 잘 관리되고 있으면 뿌듯해진다. 그런데 과연 물질적 조건만 충족된다고 해서 행복하고 만족한 삶이 될 수 있을까? 계속해서 또 다른 갈망들이 기다리고 있다면 그 만족은 어떻게 될까?

현실적으로 물질적 가치 추구는 무시할 수 없는 삶의 목적이자 의미다. 그렇다고 물질적 가치 추구만을 위해 사는 것을 바람직한 삶이라고는 아무도 생각하지 않는다. 결국 가장 이상적인 삶의 방식은 물질적 가치 추구와 정신적 가치 추구가 병행되는 삶일 수밖에 없다. 이 두 가지가 조화롭게 함께할 때 물질적 가치 추구에 따른 마음의 황폐화를 막고 또 필연적으로 따르는 마음의 상처도 치유할 수 있다. 게다가 유익한 방향으로 삶을 유도하기 때문에 그 삶이 더 건강해지고 풍부해지며 만족 또한 커진다.

그동안 우리는 솔직히 정신적 가치 추구에 대해서는 소홀했다. 아직 그럴 여유가 안 되는 상황이기도 했고 또 그럴 필요성을 크게 느끼지 못하기도 했다. 그러나 우리의 삶에 많은 변화가 생기면서 이제 정신적 가치의 중요성이 알려지고 또 현실적으로 필요하게 되었다. 물질적 가치 충족만으로는 행복이 완성되지 않는다는 사실도 분명히 알게 되었고, 정신적 상태가 삶의 변화에 절대적 영향을 미친다는 사실도 알게 되었다. 그동안 물질적 가치를 통해 삶의 변화를 시도했다면 이제는 정신적 가치를 발전시켜 삶의 변화를 완성해 가야 할 때가 되었다. 정신적 가치를 발전시키는 것에는 여러 가지 의미와 내용이 있을 수 있다. 그러나 그 중에서 가장 대표적이고 핵심적인 것은 인성 혹은 마음 상태의 유익한 계발과 발전이다.

앞으로는 마음의 상태도 재산으로 평가되고 간주되는 시대가 될 것이다

마음도 물질적 가치처럼 계발과 관리를 필요로 한다. 그냥 마음먹는다고 다 되는 것은 아니고 세상을 오래 산다고 저절로 되는 것도 아니다. 리스크 관리처럼 마음을 다치지 않게 해야 하며 재산을 늘려 가듯 마음의 가치도 늘려 나가야 한다. 형태가 없어 보이지 않고 느껴지지 않아 변화를 체감하기 어렵지만 방치하면 기능과 작용이 편협하게 되고 느려진다.

또 그것으로 끝나지 않는다. 여러 부정적인 찌꺼기들이 쌓여 스스로의 삶을 어둡게 만들고 몸의 상태에까지 부정적인 영향을 미친다. 마음의 상태가 망가지거나 쇠퇴해 버리면 어느 순간 이제까지 살면서 일구어 놓은 모든 성과들의 가치나 의미가 폭락하는 주가처럼 가차없이

떨어진다. 자신의 가치 또한 마찬가지다. 그것이 극에 달하면 결국 삶
도 파산한다.

마음을 잘 관리하는 것은 결과적으로 물질적 재산을 잘 관리하는
것과 인생을 잘 관리하는 것 등에까지 절대적 영향을 미친다. 마음 관
리가 바로 재산 관리가 되는 셈이다. 그런데 실질적으로는 재산 관리
보다 더 중요한 역할을 한다. 물질적 재산은 없어져도 살지만 마음의
재산은 없어져 버리면 정말로 사람답게 살기 힘들다. 마음 관리가 안
되면 우리가 원하는 변화나 성공을 성취할 수도 없다. 왜냐하면 실패
하게 하는 마음에 제대로 대처하지 못할 것이고 성공에 필요한 마음
을 일으키지 못하기 때문이다.

거창하게 행복한 삶이나 성공적인 인생까지는 아니더라도 당장 어
떤 긍정적인 변화와 성취를 원한다면 이제 우리는 마음을 관리하는 것
에 가치를 두고 주목해야 한다. 마음 관리에 대한 가치가 인정되면서
이제는 마음을 관리해 주는 전문가들까지 생겨나는 시대가 되었다.
어떤 면에서 보면 마음의 상태가 가치로 인정받는 시대가 된 것이다.

자기의 재산을 전적으로 남에게 맡기는 사람은 없을 것이다. 조언
은 듣지만 결정은 스스로 한다. 마음 관리 또한 마찬가지다. 자신의

116

마음을 어떻게 다른 사람이 관리하고 책임질 수 있겠는가? 도움은 받을 수 있지만 실천은 스스로의 몫이다. 마음을 잘 관리해서 마음 부자라는 소리를 듣고 사는 것도 물질적 부자 못지않게 뜻깊은 삶이 될 것이다.

| 차 한 잔의 변화 |

• 당신 마음 상태의 가치는 빈민층, 중산층, 상류층 중 어디에 해당할까요?

살면서 누구나 가끔은 마음을 다친다. 괴롭지 않게 살고 싶어 하지만 우리의 의지대로만 되지 않는 것이 현실이다. 육체적 질병과 함께 불안, 분노, 불만족, 외로움, 우울, 무기력 같은 정신적 괴로움이 예고 없이 찾아오기도 하고 인간관계, 사회적 문제, 이별, 천재지변 등의 외부적 요인에 의해 괴롭게 되기도 한다. 몸을 다쳤을 때는 바로 병원에 가서 치료를 받거나 약을 먹는다. 그러나 형태가 없는 마음을 다쳤을 때는 그냥 흘러가는 시간이 약이라 생각하고 힘들게 시간을 보낸다. 아니면 잠시 괴로움을 잊기 위해 술이나 친구, 여행, 종교 활동 등을 찾아 나선다.

남편에게 매일같이 학대를 받는 한 여인이 있었다. 그 여인은 여러 질병으로 고생하고 있었는데 소화불량과 위통으로 특히 고생을 많이 하였다. 수시로 병원을 들락거렸는데 병원에 다니면서 할 수 있는 것이라곤 위장약과 소화제를 복용하는 것뿐이었다. 하지만 효과는 잠시 약을 먹을 때뿐이었고 얼마 지나지 않아 다시 증상은 나타났다. 아마 독자 여러분들도 그녀의 병이 왜 낫지 않는지 이유를 짐작할 수 있을 것이다. 근원적으로 가정의 문제가 해결되어야만 그녀의 병은 치유될 수 있는 것이다.

마음에 분노나 불안 등의 부정적인 상태가 일어나면 몸도 긴장한다. 몸이 긴장하면 혈액 순환이 원활히 일어나지 않는다. 이 경우 특히 큰 혈관들은 문제가 되지 않지만 말단의 작은 혈관들은 평소 피 알갱이 하나가 간신히 통과할 정도라서 혈관이 오래 수축되어 있으면 세포까지 신선한 피가 제대로 전달되지 않는다. 결국 세포는 스스로 살아남기 위해 활성산소를 만들어 내게 되는데 그렇게 만들어진 활성산소는 다 소진되지 않으면 주변의 세포에 좋지 않은 영향을 미친다. 이 과정이 반복되면서 면역력이 떨어지고 점차 질병으로 발전하게 된다.

하버드대학교 의과대학 내과 의사인 허버트 벤슨(Benson) 교수는 오늘날 병원을 찾는 환자의 80% 정도가 스트레스나 기타 심리적인 이유로 병이 발생한 환자라고 한다. 의사의 말이라서 그런 게 아니라 생각해 보면 분명한 사실이다. 요즘 한국의 몇몇 병원에서는 약물 치료와 함께 명상을 치료 과정에 도입했다. 정신적인 상태가 발병하는 데 영향을 끼치며 또 반대로 해결 방법에 도움이 된다는 의학적 연구 결과가 계속해서 발표되고 있기 때문이다.

이렇듯 마음을 다치게 되면 이는 마음에서 끝나는 게 아니라 결국 육체와 주변 사람들에게까지 부정적인 영향을 미치게 된다. 단순히 몸만 건강하다고 해서 행복해질 수 없다. 요즈음 한국 사회에서는 자살률이 높아지고 있는데, 자살을 선택한 사람들의 대부분은 몸이 괴로워서가 아니라 마음이 괴로워 죽음을 선택한 사람들이다. 결국 마음과 몸이 함께 건강할 때 행복을 생각할 수 있다.

지난 시절 우리는 경제적으로 또 물질적으로 궁핍과 불평등을 겪었다. 이것이 스스로를 불행하다고 여기는 주요한 원인이 되었다. 그 때문에 경제적 풍요와 물질적 만족, 사회적 평등을 위해 부단한 노력을 아끼지 않았다. 그러나 경제적 안정과 물질적 만족, 혹은 사회적 평등을 갖추어 감에도 불구하고 우리가 찾던 그 행복은 아직 다가오지 않고 있다. 경제적·물질적 조건이 갖추어지면 마음도 편안해질 것이라 생각했지만 또 다른 불만족의 원인들이 생겨나 행복을 방해하고 있기 때문이다.

근본적으로 물질적 풍요와 감각적 즐거움 추구에 삶의 가치가 치중

되다 보니 경제적으로 그러한 조건을 얻지 못하거나 상실했을 때, 노화나 질병, 인간관계 불화, 사업 실패 등의 현실에 맞닥뜨렸을 때, 심각한 스트레스와 무력감에 쉽게 빠져든다. 게다가 원하는 물질적 조건을 갖추었다 해도 공허감과 불만족, 다른 여러 이유로 해서 정신적 충족감은 채워지지 않고 있다.

그런데 우리가 아무리 물질적으로 좋은 조건을 갖추었다 해도 마음을 다칠 수밖에 없는 이유가 있다. 바로 인간은 부정적 감정 처리에 취약하기 때문이다. 아무리 많은 행복의 조건을 갖추었다 하더라도 어쩌다 자신을 힘들게 하는 일이 하나라도 생기면 마음은 쉽게 부정적 상태에 휩싸이게 된다. 어느 경제학자가 인간은 단기 손실에 더 민감하다고 말한 것처럼, 좋은 일이 많아도 그것들을 생각하기보다는 어떤 나쁜 일 하나만을 주로 생각하는 경향이 있다.

해마다 언론 매체에서는 국가별 행복 지수를 비교하는 뉴스를 전한다. 그런데 매년 행복 지수가 높은 나라를 보면 대부분 못사는 나라들이다. 특히 동남아시아의 가난한 나라들이다. 그들의 행복 지수는 왜 높을 수밖에 없는가? 답은 자신들을 힘들게 하는 부정적 요소가 우리들보다 많지 않기 때문이다. 물질적으로야 우리가 몇십 배 더 좋은 조건을 가지고 있고, 우리를 즐겁게 해 주는 일 또한 몇 배나 더 많을 것이다. 그런데 우리 마음은 즐겁게 해 주는 것에는 크게 반응하지 않는다. 그 순간 잠깐이다. 그러나 힘들게 하는 것에는 너무 쉽게 그리고 오래 반응한다. 가난한 나라에 사는 사람들의 삶은 단순한 경우가 많다. 삶의 구조가 단순하기 때문에 그만큼 마음을 괴롭게 하는 일 또한 적을 수밖에 없다. 그런데 그런 나라도 요즘 텔레비전이 보급되면서 행복 지수가 급격히 떨어지고 있다고 한다. 자신들의 삶과 비교되는 또 다른 삶들이 있다는 것을 알아 가면서 머리가 복잡해지기 시작한 것이다.

| 차 한 잔의 변화 |

• 마음을 다쳤다면 몸은 어떠한 반응을 보일까요?

• 당신 삶의 행복 지수는 얼마 정도일까요?

우리가 행복해지기 위해서는 육체적 건강은 기본이며 육체적 건강의 뿌리가 되는 정신적 건강도 반드시 필요하다. 마음을 다루는 테크닉인 클리어 마인드 & 클리어 라이프 전략은 통찰을 생활화하여 일어나고 있는 부정적인 마음으로부터 영향 받지 않게 하고 유익한 마음을 일으키게 하여 삶의 변화는 물론 기본적으로 정신의 건강을 유지하게 할 것이다. 마음을 다루는 테크닉을 통해 정신과 육체의 괴로움을 예방하고 건강을 더욱 증장시킨다면 이것은 일종의 치료 혹은 치유의 과정으로 볼 수 있다. 치유와 치료라는 말은 엄밀히 그 의미가 다른데 이 용어들은 이제까지 병을 고친다는 의미로 그냥 습관적으로 혼용되어 왔다.

서울대학교 의과대학 명예교수인 지제근 박사는 특별한 조치 없이 저절로 좋아지는 것을 '치유(healing)'라 하고, 약물이나 기타 조치를 통하여 본래의 상태로 회복되는 것을 '치료(treatment)'라 하였다. 그리고 어떤 경로나 경과를 통하든 사람을 괴롭히던 병적 상태가 완전히 없어지면 '치유(cure)'되었다고 하는데 이 경우에 쓰는 치유는 부분적으로 병의 증상이 회복(recovery)된 것이라기보다는 전신적 병이 완전히 치료되었다는 의미를 갖는다.[1] 요약하자면 치유라는 말은 스스로 그리고 근본적으로 병을 고치는 과정이자 결과라 할 수 있다.

우리가 이 책에서 앞으로 배우고 실천하게 될 마음 다루기 테크닉은 기본적으로 우리를 힘들게 하거나 실패하게 만드는 것들의 원인과 발생 과정을 알고 부정적 영향을 받지 않도록 스스로 공부해 가는 과정이다. 스스로 문제를 해결하고 스스로 행복해지는 방법이기 때문에 엄밀히 표현하자면 치유 과정이라 볼 수 있다. 치유에 사용되는 치료 방법, 즉 핵심적인 자기 변화의 도구들을 잠깐 소개하자면 크게 '깨어 있기(戒)' '집중하기(定)' '통찰하기(慧)'다. 구체적인 방법은 뒤에서 다시 설명하겠지만 '깨어 있기'는 미래에 일어날 수 있는 부정적인 상태를 예방한다. 또 '집중하기'는 현재 일어나고 있는 부정적인 상태를 잊게 하고 강력하게 유익한 상태를 만드는 것이다. 그리고 '통찰하기'는 보고 아는 방식을 바꾸어 근본적으로 생각을 변화시키는 것이며 생각의 변화를 통해 부정적 반응이 일어나지 않게 한다.

---

1) 지제근. 『지제근 박사의 의학용어 이야기』. 아카데미아. 서울. 2006. p119~p120

앞에서 잠깐 일어나는 마음, 일으키는 마음 알기를 소개했는데 그 부분은 바로 통찰하기의 한 과정에 해당한다. 원래 통찰하기가 변화의 핵심이지만 깨어 있기와 집중하기가 같이 실행되어야 하기 때문에 세 가지를 언급한 것이다. 이 세 가지 핵심적인 실천 기법을 써서 우리는 마음을 괴롭지 않게 할 수 있고 괴로움을 주는 주변 조건에 대해 부정적 반응이 일어나지 않도록 할 수 있다.

| 차 한 잔의 변화 |

• 몸과 마음 한쪽만 편하다면 그 상태에 만족하시나요?

그대의 감정을 케어하라

누구나 마음이 아프지 않기를 바란다. 마음이 아프지 않으려면 어떻게 해야 할까? 방법은 하나다. 나를 힘들게 하는 감정에 영향을 받지 않게 하면 된다. 그것은 어떻게 가능할까? 서두의 내용처럼 보고 아는 방식을 바꾸면 된다. 우선 마음이라는 것을 한번 다르게 바라보자. 전략적으로 마음이나 마음의 상태를 만들어지고 있다고 바라보자. 반드시 마음은 만들어지는 것이라는 사실을 확인하고 받아들일 필요는 없다. 단지 전략적으로 그렇게 보자는 것이다. 마음이 원래부터 항상 있는 것인지 또 만들어지고 있는 것인지는 평상시 우리의 능력으로 확인하기 어렵다. 또 그것이 이 책에서 달성하려는 목표에 필수적인 것은 아니다. 우리가 얻고자 하는 결과가 중요하다.

마음이나 마음의 상태를 만들어지는 것이라고 보면 그것들을 우리 자신과 분리시킬 수 있다. 내가 그런 마음을 일으킨 것이 아니라 그 마음을 단지 나에게서 일어난 정신적 현상으로 보자는 것이다. 내가 일으키고 있다는 것과 나에게 그런 정신 현상이 일어나고 있다는 것을 아는 것은 분명 차원이 다른 문제다. 평소 우리는 우리를 힘들게 하는 감정이나 생각이 들 때 마치 그것을 스스로 일으켰다고 생각하거나 그 상태가 자신인 양 생각한다. 만약 그것을 스스로 일으키고 있다면 더 이상 안 일으키면 된다. 그런데 그게 어디 말처럼 되는가? 안 된다. 왜 안 되는가? 그것들은 나 스스로 일으킨 것이 아니라 그냥 조건적으로, 습관적으로 일어나는 현상일 뿐이기 때문이다. 논리적으로 내 것이라 할 수 없다.

부정적 마음이나 상태를 내가 만든 것이 아니라 그 나름의 조건과 원인에 의해 만들어진 것으로 보면 나와 분리시켜 거리를 둘 수 있다. 그 거리가 멀어지면 멀어질수록 영향을 덜 받게 될 것이다. 어떤 문제들은 단지 그것이 내 의지와 무관하게 일어난 것에 불과하다는 사실을 알기만 해도 쉽게 해결되기도 한다. 그런데 그렇지 않은 문제들도 있다.

일단 나 자신과 분리시켜 볼 수 있다면 다음으로 그 상태를 통찰해야 한다. 어떻게 통찰하는가? 지금 일어나고 있는 느낌이나 마음은 본래부터 있던 것도 아니고 단지 지금 이 순간에만 조건적으로 존재하는 것임을 더욱 사실적으로 바라보는 것이다. 앞에서 잠깐 박수 소리를 예를 들어 설명했다. 박수 소리는 치는 순간에만 있는 것이지 본래부터 있던 것이 아니다. 그리고 단지 손뼉의 부딪침일 뿐이지 따로 박수 소리는 없는 것이라 했다. 그것처럼 지금 일어나고 있는 부정적 마음이나 상태를 바라보자는 것이다. 곰곰이 생각해 보면 박수 소리와 별반 다르지 않을 것이다. 이렇게 통찰하면서 부정적 마음이나 상태를 나로부터 확실히 분리시켜야 한다.

통찰을 해서 거리를 두었다면 이제 무엇을 해야 할까? 이제 무시해 버리자. 무시할 만한 충분한 명분이 생겼다. 통찰하며 무시하고 또 통찰하며 무시하기를 반복한다. 상황에 따라 다르겠지만 통찰을 통해 부정적 반응이 현격히 줄어드는 것들이 있다. 그런데 그렇게 해도 아직 강한 영향을 미치는 것들이 있을 것이다. 그렇다면 또 어떻게 해야 할까?

이때 필요한 것이 유익한 마음 일으키기이다. 의도적으로 일으키기 쉬운 유익한 마음들을 일으켜 부정적 마음들을 대체하는 것이다. 뒤에서 구체적으로 설명하겠지만 마음은 짧은 한순간 하나의 작용만 한다. 동시에 슬프거나 기쁜 마음을 가질 수 없다. 있다 하더라도 짧은 시간차를 두고 다른 순간에 일어나는 것이다. 일으키기 쉬운 대표적 유익한 마음은 사랑과 연민이다. 줄여서 그냥 자비의 마음이라 한다. 어떻게 일으킬 것인가? 원래는 '행복하기를' '괴롭지 않기를' '미움이 사라지기를' 하면서 대상을 향해 반복적으로 되뇌는데 일상에서 빨리 할 때는 숨을 내쉬면서 '사랑' '행복' '기쁨'이라고 간단히 말하기도 한다. 일어나고 있는 부정적 느낌이나 상태를 대상으로 숨을 내쉴 때마다 마음속으로 '사랑' '행복' '기쁨'을 마치 주문을 외우듯 반복한다.

유익한 마음 일으키기를 통해 더 강하게 부정적인 마음들의 영향을 차단시키고 나면 이제 그 다음 해야 할 일을 하면 된다. 해야 할 일만 잘 하고 살면 문제가 없다. 문제는 그것을 방해하는 마음들이 일어나 지속적으로 해야 할 일을 하지 못하도록 하고 힘든 상태를 만드는 것이다. 간단하지만 앞에서 설명한 몇 가지 방법을 통해 우리는 부정적인 마음들로부터 덜 영향 받고 그러면서 필요한 마음을 효과적으로 일으켜 변화에 필요한 노력을 할 수 있을 것이다.

이런 노력을 하기 전에 근원적으로 아예 부정적 마음들이 생겨나는 조건이나 원인을 만들지 않는 것도 중요한 실천의 요소다. 이것을 절제(戒)라고 한다. 절제는 미래 일어날 괴로움을 예방한다. 그러나 세상 일이 어찌 우리 마음대로만 되는가. 절제를 한다 해도 주변 상황이

도와주지 않을 것이다. 결국 통찰의 힘과 지속 시간, 그리고 대상을 늘려 나가야 한다. 통찰을 습관화하여 평상시 절제도 잘 하고 또 예기치 않은 상황에서 곧바로 통찰의 원리를 통해 자신을 지켜야 한다. 이러한 과정을 정리하면 다음과 같다.

자각하기 → 만들어지고 있음을 알며 나와 분리하기 → 통찰하며 거리 두기 → 무시하기 → 유익한 마음 일으켜 보기 → 유익한 노력 실천하기 → 통찰의 대상 늘려 가기

자세한 방법은 원리와 실천 편에서 다시 설명할 것이다. 이것은 일상 생활 속에서 지금 곧 실천할 수 있는 방법이다. 하지만 이러한 과정을 통해서도 마음이 정리되지 않을 수도 있다. 아직 힘이 부족하고 습관이 되지 않아서이다. 이제 다음 장에서는 어떻게 힘을 키워 가는지 효과적인 방법을 소개할 것이다. 힘을 키우고 원리를 잘 파악해 갈수록 효과는 더욱 분명해진다.

마음 다치지 않기,
스스로 자신감 만들기,
인격의 변화 만들기

전략적으로 마음을 만들어지고 있는 것이라 보는 것에는 이유가 있다.
우리가 원하는 것을 얻기 위해서다.
마음이 만들어지고 있다는 논리로
우리는 부정적 마음들로부터 자유로워질 수 있다.
또 이를 지속적으로 실천하면서
자각력, 집중력, 정신력, 통찰력 등의
유익한 정신적 힘들을 키워 강한 자신감을 만들 수 있다.
이는 자신과 자신의 삶, 세상을 통찰하면서
인격의 변화를 이끌어 내기 위함이다.

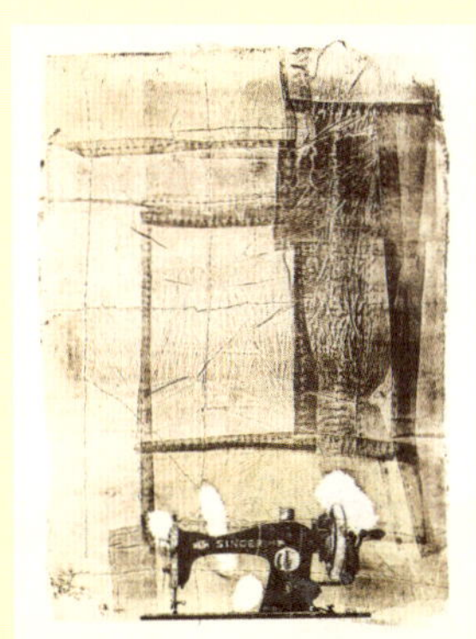

- 행복하고 성공적인 삶이 되기 위해서는 마음 관리가 필수적이다.

- 이상적인 삶의 방식은 물질적 가치 추구와 정신적 가치 추구가 병행되는 삶이다.

- 앞으로는 마음의 상태도 재산으로 평가되고 간주되는 시대가 될 것이다.

- 마음을 다치면 몸도 다친다.

- 인간은 부정적 감정 처리에 취약하기 때문에 쉽게 마음을 다친다.

- 스스로 만들어 가는 건강 – 치유의 길

- 마음을 변화시키는 통찰 과정

  자각하기 → 만들어지고 있음을 알며 나와 분리하기 → 통찰하며 거리 두기 →
  무시하기 → 유익한 마음 일으켜 보기 → 유익한 노력 실천하기 →
  통찰의 대상 늘려 가기

‘깨어 있기’는
미래 일어날 수 있는
부정적인 상태를 예방하고

‘집중하기’는
현재 일어나고 있는
부정적인 상태를 잊게 하고

‘통찰하기’는
보고 아는 방식을 바꾸어
근본적으로 생각을 변화시키는 것이다.

제4장

스스로 자신감 만들기

너무나 수행을 하고 싶어 한 젊은 수행자가 있었다. 그는 마음의 고요와 평온을 얻고 싶어 인적이 드문 깊은 산속을 찾아들었다. 그곳에서 그는 먹고 자는 것 외에 온 종일 수행에만 전념하였다. 번잡한 도심과 사람들 속에 있을 때는 생각이 복잡하고 수많은 욕구들 때문에 마음이 불편했지만 이제는 일념의 상태가 되는 것을 목표로 수행할 수 있었다. 오래지 않아 그 수행자는 하루 종일 특별한 생각 없이 오직 고요한 하나의 마음 상태를 유지할 수 있게 되었다. 그러한 상태를 통해서 그는 다시 자신의 마음을 편안하게 유지할 수 있게 되었고 산에 들어와 수행하기를 정말 잘했다는 생각이 들었다. 그는 매일 수행할 때마다 이러한 뿌듯함과 깊은 행복감에 휩싸여 시간 가는 줄 몰랐다.

어느 날 한가로이 저무는 부드러운 햇볕을 느끼며 움막 마루에 걸터앉아 먼 산을 바라보고 있을 때였다. 심심할까 봐 키우던 하얀 진돗

개가 살며시 다가와 그의 발 끝자락에 얼굴을 기대고 풀썩 드러누웠다. 두 앞발을 턱밑에 다소곳이 포개고 피곤에 지친 나그네가 긴 숨을 내뱉듯 숨 한 번 푹 내쉬고 천천히 눈을 내리 감았다. 그 모습을 바라보고 있던 수행자에게 순간 한 생각이 강하게 스쳐 지나갔다. 저 개의 상태와 자신의 상태가 과연 무엇이 다를까? 둘 다 별 생각 없이 마음이 편안한 상태일 뿐인데 이렇게 생각 없이 그냥 편안하게 있는 것이 진정한 수행일까? 한동안 그 생각이 계속 일어나 수행자의 고요한 마음에 물결을 만들기 시작했다.

얼마 후 필요한 물건들이 있어 산을 내려와 시골 장에 가게 되었다. 마침 장날이라 사람들이 인산인해를 이루었다. 공교롭게도 여름휴가 기간과 겹쳐 시골 장을 구경하러 온 도시 사람들도 많았다. 그런데 산 속에서 매일 하늘과 나무만 쳐다보다 맨살이 훤히 보이는 짧은 옷의 젊은 여인들을 보자 수행자의 마음에서 평온과 안정은 온데간데없이 사라지고 말았다. 펼쳐 놓은 물건들을 구경하기보다는 사람 구경하느라 넋이 빠질 지경이었다.

정신을 차리고 다시 산으로 돌아온 수행자의 마음은 예전의 마음과 같지 않았다. 장날 본 풍경의 흔적이 거부하기 힘든 여운을 계속해서 만들고 있었다. 그날 이후 한동안 고요와 만족 속에 빠져 지냈던 그에게 허전한 마음과 함께 예전에 없던 어두운 생각이 자라나기 시작했다. 갑자기 자신이 초라하게 느껴지기 시작한 것이다. 그는 더 이상 산속 생활을 지속할 수 없었다. 텅 빈 마음을 채워 보려 또 다른 방황의 길을 떠나게 되었다. 그 방황의 끝은 어디가 될지…….

| 차 한 잔의 변화 |

• 혹시 아무 생각 없이 그저 편안한 상태를 명상의 목적이라 생각하나요?

마음을 다치면서 살면 행복하다 할 수 없다. 그렇다고 마음을 다치지 않고 산다고 해서 꼭 행복한 것도 아니다. 마음이 불편하지 않으면서 무언가 유익하고 긍정적인 내용으로 채워져 있을 때 우리는 행복 혹은 만족을 경험한다. 평소 우리는 어떠한 마음으로 채워져 있을 때 행복해하는가? 그냥 얼른 생각하면 사랑, 기쁨, 만족 등의 상황을 떠올릴 것이다. 뭐 이러한 것들이 마음 가득 채워져 있다면 말할 필요 없이 좋긴 할 것이다.

그런데 현실적으로 이러한 마음의 상태는 너무 추상적이고 조건적이다. 즉 이런 감정들은 일어나게 하는 조건이 되어야만 생겨나는 것들이고, 또 같은 조건인데 경우에 따라 생기기도 하고 안 생기기도 한다. 그래서 더 자주 가졌으면 하지만 실제로는 바라는 만큼 되지 않는다. 그런데 이것들보다도 더 현실적이고 더 필요하며 더 근원적인 마음 상태가 있다. 바로 자신감이다.

우리는 자신감에 차 있을 때 사실 가장 강한 만족을 경험한다. 강한 만족의 상태라서 행복한 상태라고도 할 수 있다. 자신감은 스스로 만들어 낼 수 있으며 누구든지 가질 수 있는 마음이다. 또 자신감은 다른 유익한 마음들이 생겨나게 도와준다. 그리고 우리가 원하는 긍정적인 변화를 만들어 낸다. 자신감이 변화를 만들어 낼 수 있는 것은 정신적 힘의 원천이 되기 때문이다. 육체적으로 힘이 강하면 일을 하거나 싸울 때 크게 도움이 된다. 마찬가지로 정신적인 힘도 강하면 결정을 할 때 설득을 할 때 실천을 할 때 과감히 밀고 나갈 수 있다. 자신감이 강할 때는 부정적인 생각들이 아예 발을 붙일 수가 없다. 자신감은 우리 마음을 지켜 준다.

자신감은 강한 정신적 힘을 수반한 자기만족의 상태다. 그런데 자기 자신만을 만족시키고 배려와 이해, 소통이 없는 지혜롭지 않은 자신감은 오만 또는 자만심이 된다. 자신감과 자만심은 배다른 형제와 같다. 자신감은 행복의 필수 요소지만 자만심은 고통의 필수 요소다. 유익한 자신감은 다른 사람들에게 믿음과 신뢰를 준다. 그래서 자신감이 강할수록 하는 일이 잘 된다. 자만심은 그 반대다. 결국 중요한 것은 지혜와 함께하는 자신감인데, 그것은 스스로 만들어 내고 목표와 방법도 유익해야 한다. 유익한 자신감은 마음을 다루는 힘을 키워 터득하면 된다. 자신감도 결국 마음의 상태이니까.

| 차 한 잔의 변화 |

• 자신감이 있을 때의 마음 상태는 어떤 상태인가요?

• 자신감에 차 있을 때 불편한 마음 상태도 같이 있을 수 있을까요?

• 변화하기 위해 노력할 때 자신감은 어떤 역할을 할까요?

조건에 의한 자신감, 스스로 만드는 자신감

자신감은 자기 자신의 존재감이라 할 수 있다. 일반적으로 사람들은 스스로 자신의 존재 가치를 자신감과 비례하여 평가한다. 그래서 자신감이 없거나 자신감을 잃은 사람들은 자신의 가치를 스스로 낮추고 절망에 빠지거나 극단적인 경우 자살까지 생각한다. 반대로 자신감이 강한 사람은 자만심에 우쭐해하기도 한다. 자신감은 만들어진 하나의 마음 상태에 불과한데 그것을 자신의 가치와 동일시하는 잘못에서 그리 되는 것이다. 자신감의 유무를 떠나 자신감이라는 것이 어떻게 만들어지고 또 어떤 영향을 미치는지 정확하게 알아야 부정적 영향에서 벗어날 수 있다.

자신감이라는 마음 상태는 어떻게 일으킬 수 있는가? 어떤 사람들은 그냥 자신감을 가져야지 하고 마음만 먹으면 되기도 한다. 이런 사람들은 정말로 타고난 재능을 가진 사람들인데 흔하지는 않다. 그러면 타고난 재능을 가지고 있지 않은 우리들은 어떻게 해야 할까? 갈망하는 그 자신감은 원한다고 그냥 생겨나는 것은 아니다. 그래서 일반 사람들은 자신감을 가져오게 하는 외부적 조건을 추구한다. 다시 말해 스스로 자신감을 만들지 못하니까 자신감을 갖게 하는 외적인 조건을 갖추려 하고, 더 나아가 자신에게 자신감을 만들어 주는 그런 외적 조건을 자신의 가치와 동일시한다. 자기 힘으로 안 되면 부모나 자식, 배우자를 통해서 자신감을 가져오는 조건을 갖고 싶어 한다.

그럼 어떠한 조건들이 우리에게 자신감을 만들어 줄까? 그것은 대부분의 사람들이 가지기를 원하는 부, 지위, 명예, 빼어난 외모, 특별한 재능, 인기, 학벌, 사회적 성공 등이 대표적이다. 우리는 현실적으로 이러한 조건들을 갖추게 되면 그것을 통해 자신감을 갖게 되고, 자신감이 있으니까 만족해한다. 즉 행복해하는 것이다. 그리고 그런 외적인 조건을 앞에서 말했듯이 자신의 가치와 동일시한다. 그런데 한번 냉철히 생각해 보자. 과연 이런 외적 조건을 통해 얻어진 자신감에는 문제가 없는지.

대부분 사회 조직에서도 마찬가지인데 군대 조직의 예를 들어 조건에 의한 자신감이 우리에게 어떤 영향을 미치는지 한번 생각해 보자.

군대 조직은 상명하복의 지휘 체계를 근간으로 하기 때문에 계급이라는 서열을 중시한다. 그런데 원활한 지휘 체계를 갖추기 위한 도구로 만들어진 이 계급이 때론 그 자체로 그 사람의 신분이 되고 존재의 가치가 되기도 한다. 겉으로 표현은 그렇게 하지 않지만 막상 현실은 그렇다는 것이다. 본인도 그렇지만 남들도 우선 그 사람보다는 그 사람 어깨 위의 계급이나 직책을 보고 그 사람을 평가한다. 분명 계급이 낮아도 도덕적 수준이 높고 인간다운 사람이 있을 수 있고, 또 계급이 높다 해서 사람 자체가 더 낫다고 할 수도 없는데 말이다. 그러나 엄연히 현실은 현실이다.

계급이 높을수록 더 많은 권한과 책임을 부여받는데 그것은 곧 그 계급에 있는 사람의 가치를 대변한다. 계급이 낮은 사람은 계급이 높은 사람을 부러워한다. 대령이나 장군 계급장을 보면 더 빛나 보이고 무거워 보인다. 그 계급장을 달고 있는 사람도 분명 그것을 의식할 것이다.

군에 복무하고 있을 때는 나 자신도 모르게 그런 계급 구조에 젖어 살게 되었다. 그런데 전역을 하고 한참 시간이 흘러 간혹 우연히 예전에 같이 복무했던 분들을 만나게 되는데 전역을 해서 그냥 동네 아저씨, 할아버지의 모습으로 살고 계신 것을 보면 계급장이 사람을 얼마

나 달라 보이게 하는지 실감하기도 한다. 일반 병사들도 병장 계급장
을 달면 괜히 더 늙수그레하게 보인다.

　얘기를 들어 보면 군에 오래 있다 전역한 경우 노후 생활에 대한 불
안이나 상실감 같은 것 때문에 몇 년 동안 방황의 시간을 보내는 경우
가 많다고 한다. 바쁘게 열심히 일하면서 그리고 인정 받으면서 존재
의 의미를 찾았는데 갑자기 그것이 없어지면서 자신감이 없어지고 외
부에 나가 사람들 만나는 게 꺼려진다고 한다. 군인의 예를 들었지만
사실 이것은 우리 모두에게 해당된다. 연예인이나 정치인들의 경우 인
기를 잃었을 때 심각하게 자신감이 떨어지는 것을 경험하기도 하며, 심
지어 종교인들마저도 일요일 종교행사 때 신도가 조금이라도 줄게 되
면 부정적 감정에 사로잡힌다고 한다.

　외적 조건을 통해서 생겨나는 자신감은 스스로 만들어 내는 것이 아
니라 조건이 주는 것이기 때문에 조건이 변하면 그 자신감도 분명 영
향을 받게 된다. 많은 사람들이 절실히 자신감을 갖고 싶어 하지만 안
생긴다고 걱정하고 푸념한다. 그것은 스스로 자신감을 만들어 내는
방법을 모르기 때문이다. 그리고 자신감이 생겨나게 하는 조건을 가
지고 있지 않아서이다. 이렇듯 행복을 위해서는 자신감이 꼭 필요하
다. 그런데 조건에 의한 일시적 자신감이 아닌 조건에 상관없는 만들

어 내는 자신감이야말로 진정 스스로를 행복하게 해 줄 것이다. 조건적으로 만들어진 자신감은 그때만 영향을 미치고 오히려 나중에 자신에게 상처를 주는 행패를 부릴 수도 있다.

• 지금 자신감이 있다면 그것은 스스로 만든 것인가요, 아니면 조건에 의한 것인가요?

146

 ## 스스로 만드는 자신감

자신감에도 두 가지가 있다. 앞서 언급한 외적인 조건에 의한 자신감과 우리가 스스로 만드는 자신감이 그것이다. 이제 우리가 관심을 가져야 할 것은 조건에 의한 자신감이 아닌 스스로 만드는 자신감이다. 그것은 우리가 분명 만들 수 있기 때문이며 더 중요한 것은 자신감을 갖게 하는 외적 조건을 얻는 것보다 훨씬 수월하기 때문이다. 스스로 자신감을 만드는 방법에도 여러 가지가 있다. 삶의 목적과 취향, 성격, 경험 등은 사람마다 다르다. 그래서 스스로 만드는 자신감은 사실 각자 저마다의 방법으로 만들어 내야 한다. 기본원리는 같다. 진짜 중요한 것은 조건에 영향 받지 않고 꼭 스스로 만들어 내야 한다는 것이다. 그래서 알아야 할 것들이 있다.

첫째, 자신감은 마음의 상태이며 마음의 힘이라는 사실을 이해해야 한다. 불편하지 않고 긍정의 마음 상태가 될 때 자신감이 생길 수 있다. 부정적 마음에 영향 받지 않으면서 유익한 마음을 일으키면 그 자체가 성취감이 되고, 부정적 마음 상태가 없기 때문에 좋은 마음이 저절로 만들어지는 것이다. 또 긍정적인 마음의 상태도 쉽게 계발된다. 앞의 3장에서 마음을 다치지 않게 하는 통찰의 과정을 소개했다. 마음을 통찰하여 우리는 어느 정도 불편하지 않은 마음 상태를 유지할 수 있다. 그리고 통찰의 대상과 지속 시간을 넓혀 가면서 우리는 자각력, 집중력, 정신력, 통찰력, 믿음 등의 유익한 힘을 키울 수 있다. 이런 유익한 힘들이 조화롭게 계발되어 함께 작용하고 있는 상태가 바로 자신감이다.

둘째, 일반적으로 자신감은 성취감에서 온다. 삶을 잘 통찰해 보면 우리는 평범한 삶 속에서도 지혜라는 보석을 얻을 수 있다. 그것은 삶에 대한 깊은 이해에서 오는 것이기에 물질적 가치와는 비교가 되지 않는다. 그런 재산을 얻었다면 스스로 엄청난 자신감을 가질 수 있게 될 것이다. 그 스스로 얻은 지혜는 결코 외적 조건에 구애받지 않는다.

셋째, 아는 만큼 자신감이 생긴다. 삶의 목적이 명확해지고 자신이 가야 할 길이 분명해지면 자신의 길에 대한 확신과 열정이 생긴다. 그래서 또 자신감이 생긴다.

넷째, 계속 나아져야 한다. 삶에 대한 이해를 바탕으로 유익한 목적으로 나아가야 발전의 기쁨을 얻는다. 나아지는 과정 자체가 행복과 자신감을 부른다.

〈 스스로 자신감을 만들기 위해 알아야 할 네 가지 〉
• 부정적 마음들에 영향 받지 않고 유익한 힘 계발하기
• 성취감으로 자신감 얻기
• 자신감은 아는 만큼 생긴다
• 계속 나아져야 한다

스스로 자신감을 만들기 위해서는 결국 이 네 가지 요소를 충족시켜 주는 실천의 원리가 필요하다. 부정적 마음들로부터 최대한 영향 받지 않고 되도록 유익한 마음들을 적극 일으켜야 한다. 그러면서 자신과 삶에 대한 사실적 이해를 넓혀 나가야 한다. 그런 과정에서 유익한 정신적 힘들과 성취감이 찾아오고 지속적 발전이 있게 된다. 이러한 전체적인 내용들이 체험될 때 분명 자신감은 함께한다.

말은 쉽지만 실천은 그렇지 않을 것이다. 그러나 원리를 알고 필요한 요소를 갖추면 될 수밖에 없다. 앞의 네 가지 요소를 충족시켜 주는 실천의 원리가 바로 마음과 삶에 대한 통찰이다. 그동안 모르고 있

던 마음의 특성 등을 사실적으로 알고 또 유익한 마음을 일으키는 기
초 통찰 테크닉을 실천하면, 더 나아가 우리의 삶과 인생을 통찰하면
분명히 얻어질 수 있다.

스스로 자신감을 만들어 낼 수 있으면 정말로 운명의 변화를 실감하게 될 것이다. 자신감을 갖는 자체만으로도 상황이 달라지기 때문이다. 자신감은 강한 매력이다. 우리는 다른 사람들을 보며 직감적으로 어떤 느낌을 가진다. 호감을 가지기도 하고 혹은 거리를 두기도 한다. 사람들은 보통 3초 안에 첫인상으로 사람을 평가한다고 한다. 그런데 외모가 잘생겼다고 해서 항상 좋은 점수를 주는 것만은 아닌 것 같다. 외모 외에 풍기는 어떤 기운 같은 것이 있다. '맑다' '탁하다' '어둡다' '밝다' '독하다' '순하다' '둔해 보인다' '빠릿빠릿해 보인다' '카리스마가 있다' 등의 잣대가 있는데 그중에서 자신감 있어 보이는 것도 빠지지 않는 평가 항목이다. 자신감은 면접 볼 때도 중요하고 승진을 할 때도 크게 영향을 미친다.

이성 간의 관계에서도 자신감이 넘치는 사람은 더 매력적으로 느껴진다. 사람은 왠지 자신감이 강한 사람에게 기대고 싶어 하는 경향이 있다. 식당이나 상점을 가더라도 주인이 자신감이 있어 보이면 그 집에 더 자주 가게 된다. 또 예술인들이 더욱 자신 있게 자신의 끼를 발산할 때 우리는 그에게 더 매료된다.

자신감은 내 안의 긍정의 힘인 동시에 다른 사람들의 마음을 끌어당기는 힘이기도 하다. 그래서 자신감이 강할수록 하는 일 또한 잘 될 수밖에 없다. 그런데 지혜와 함께하지 않는 자신감은 자칫 자만심으로 빠질 확률이 높다. 자신밖에 모르고 자기중심적으로 생각해 버리면 오히려 다른 사람들과 스스로에게 상처를 주게 된다. 유익한 목적과 노력, 지혜 등을 통해 만든 자신감이야말로 이로운 의미를 준다.

 자신감은 변화의 원동력이다

직업이 펀드 매니저인 어떤 분이 가끔 명상원을 찾아온다. 사람들은 그에게 어떻게 하면 돈을 벌 수 있는지 물어본다. 그분은 주로 돈을 버는 방법보다는 돈을 잃지 않는 방법을 일러준다. 그의 이야기를 들으면서 대처 방법을 잘 알면 마음을 덜 다치는 이치와 같다는 생각이 들었다. 그분이 또 하는 이야기가 자신감이 없으면 절대 돈을 벌 수 없다는 것이다. 주식을 하다 보면 손해를 보는 일이 생긴다. 어떤 사람들은 그럴 때 주식이라는 것은 결국 손해 볼 수밖에 없다고 단정 짓고 손을 뗀다. 그런데 또 어떤 사람들은 손해 본 이유를 생각해 보고 다음에는 그 상황을 이용해 오히려 이익을 만든다. 결국 나중에 큰돈을 버는 사람은 자신감을 갖고 사는 사람들이다.

자신감은 자신만의 만족으로 끝나지 않고 무언가를 적극 실천하게 하는 열정으로 표출된다. 우리는 간혹 무언가를 한번 열심히 해 보겠

다는 열정을 가질 때가 있다. 그런데 말 그대로 작심삼일이 되는 경우
가 흔하다. 끈기가 없어서 그렇다는데 사실은 열정이 빨리 식었기 때
문이다. 어떤 일을 시작하면 생각만큼 바로 잘 되지는 않는다. 시행
착오도 겪을 것이고 다른 사람들의 견제와 비방도 경험할 것이고 주변
의 많은 유혹에도 시달려야 할 것이다. 지혜를 기반으로 한 통찰을 통
해 용기를 얻고 그것을 통해 일으켰던 마음을 지속시켜 나간다면 부
정적 반응을 일으키는 조건들에 쉽게 굴복되지 않는다. 오히려 힘든
과정을 즐기기도 한다. 그것을 통해 힘을 기르고 알지 못했던 새로운
사실을 깨닫기 때문이다. 자신이 가야 할 분명한 목적과 할 수 있다
는 믿음, 그리고 그런 과정을 즐기고자 하는 자신감은 바로 행복의 원
천이 된다.

| 차 한 잔의 변화 |

• 지금 본인의 자신감을 점수로 매긴다면 어느 정도 될까요?

행복은 만인의 화두다. 누구나 행복해지고 싶어 한다. 그러나 무엇이 행복이냐고 물어보면 잘 대답하지 못한다. 무엇이 행복인가에 대해서는 저마다 생각이 다를 것이고 또 구체적으로 무엇이 행복인지 잘 생각해 보지 않아서일 것이다. 일반적으로 사람들은 매우 좋고 기쁜 상태, 만족한 상태일 때 행복하다고 한다. 그래서 행복을 단순히 정의하자면 그냥 기쁘고 만족한 상태라 할 수 있다. 그런데 문제는 우리 스스로는 이렇게 기쁘고 만족한 상태를 만들어 낼 수 없다는 것이다.

평소 우리가 외적 조건을 통해 자신감을 갖는 것처럼 우리는 행복을 찾는다고 하지만 행복 그 자체를 찾는 것이 아니라 실은 행복감을 가져오는 조건을 추구한다. 만약 우리가 스스로 행복할 수 있다면 지금부터 행복해지면 된다. 더 이상 밖에 나가 고생할 필요 없이 혼자 앉아서 그냥 행복해하면 된다. 그러나 안타깝게도 현실은 그렇지 못하다. 사람들은 스스로 행복해지지 못하기 때문에 또 스스로 행복할 수 있는 방법을 모르기 때문에 결국 자신을 행복하게 해 주는 조건을 찾는다. 사람들은 자신이 하고 싶은 것을 하고 되고 싶은 것이 되거나 갖고 싶은 것을 가졌을 때 기쁨과 만족감을 느낀다. 또 그런 것들을 성취하는 데 필요한 돈이나 지위, 건강, 외모, 지식 등을 갈구한다. 이렇게 행복 자체가 아닌 행복감을 느끼게 하는 조건을 추구하기 때문에 우리가 일반적으로 느끼는 행복감은 여러 한계를 지닐 수밖에 없다.

첫째, 행복의 지속 시간이 너무나 짧다. 즉 그때뿐이다.

둘째, 행복의 조건을 얻어야 하는데 행복의 조건은 제한되어 있다. 그래서 치열한 경쟁과 투쟁이 있을 수밖에 없고 나의 행복은 곧 다른 누군가가 불행해지는 원인이 된다.

셋째, 우리는 부정적 감정 처리에 너무나 취약하다. 아무리 좋은 일이 많다 해도 한 가지 나를 힘들게 하는 일이 생기면 마음은 온통 그 부정적인 일에 지배당한다.

넷째, 사람이 저마다 다 다르다는 것이 문제의 원인이 되기도 한다. 사람들의 외모뿐만 아니라 가치관, 사고 습관, 행동 양식 등이 다르다 보니 서로 잘 한다는 것이 다른 사람에게 상처가 될 수도 있다. 주로 가까운 사람 사이에서 서로 상처를 주고 받는 일이 많이 생긴다.

다섯째, 나 자신이나 외부 조건이 내 의지대로만 되지는 않는다. 생각이나 감정, 느낌, 생존에 필요한 몸의 기초 작용들, 태어남, 늙음, 죽음 등 나와 관련된 많은 것들이 실은 내 의지와 상관없이 그때의 조건과 상황에 의해 작용할 때가 더 많다.

여섯째, 인간은 원래 불만족의 존재라는 것이다. 태어나는 순간부터 신체적으로, 정신적으로 끊임없이 새로운 어떤 상태를 원한다. 배부르면 앉고 싶고, 앉으면 눕고 싶고, 누우면 자고 싶고, 잘 때는 더 편안한 이불을 찾고, 이불이 편안해지면 옆에 누군가 같이 누워 주기를 바란다.

결과적으로 이러한 여러 이유들 때문에 현실에서 지속적으로 행복해지기란 꿈같은 이야기일 수밖에 없다.

하지만 이렇다고 우리가 결코 행복해지지 못하는 것은 아니다. 행복이 꼭 조건을 통해서만 얻어지는 것이 아니기 때문이다. 어떤 사람들은 많은 행복의 조건을 가졌음에도 불구하고 불행하다 여기고 어떤 사람들은 아주 적은 행복의 조건을 가졌는데도 큰 행복감을 느낀다. 우리는 또한 스스로 행복할 수 있다. 우리는 스스로 자신감을 만들어 낼 수 있다고 했는데 자신감은 강한 만족의 상태다. 자신감이 충만할 때 우리는 행복해한다. 스스로 자신감을 만들 수 있으면 스스로 행복할 수 있다는 말이다. 이제까지 행복의 조건을 추구하는 것을 통해 행

복을 꿈꿔 왔다면 이제 더 효율적이고 현실적인 행복의 방법론을 시도
해 보기 바란다. 더 이상 행복이 추상적이고 이상적인 것이 아니라 계
속해서 느껴 갈 수 있는 지극히 현실적인 것임을 알게 될 것이다.

| 차 한 잔의 변화 |

• 행복해지기 힘들지요?

스스로 사랑하지 않는 자는 스스로 자신감을 만들 수 없다. 우리는 먼저 우리 자신을 충실히 사랑해 줌으로써 자신감이 생겨날 수 있는 비옥한 마음의 토양을 만들어야 한다. 스스로 자신을 사랑해 주지 않는 사람은 황량한 토양과 같다. 자신감이라는 씨앗이 어쩌다 떨어졌다 하더라도 발아하기 어려울 것이다.

스스로 자신을 사랑한다고 해서 그것이 자아도취나 이기심으로 변질되면 안 된다. 이것은 스스로를 사랑하는 것이 아니라 망가뜨리는 것이다. 자신을 사랑한다는 것은 말 그대로 스스로에게 사랑의 마음을 보내는 것이고 스스로를 믿는 것이며 스스로를 독려하는 것이다. 그래서 자기 자신을 지혜롭게 하고 발전시키는 것이다.

그렇다면 어떻게 스스로를 올바로 사랑할 수 있을까? 그것은 두 가지 방법으로 요약할 수 있다. 하나는 자기 자신에게 사랑의 마음 보내기이고 또 하나는 지혜로운 마음 만들기이다.

　사랑의 마음 보내기는 앞에서 잠깐 소개했는데 그 대상을 주로 자기 자신에게 집중하는 것이다. 틈나는 대로 자신을 의식하며 '내가 행복해지기를, 내가 괴롭지 않기를, 나로부터 미움이 사라지기를' 이렇게 마음속으로 반복한다. 잠들기 전, 일어나자마자, 버스나 지하철에서, 걸어가면서, 운동하면서, 누구를 기다리면서 등 틈나는 대로 실천한다. 자신에게 충분히 주었다고 생각되면 이제 소중한 사람, 그리고 주변 사람들에게 사랑의 마음을 주자. 사랑의 마음을 일으키고 있는 순간에는 다른 부정적 생각들이 일어나지 않을 것이다. 노느니 염불한다고 그냥 생각이 들 때마다 하면 된다. 정말 틈나는 대로 하고 있으면 자신을 의식하는 힘이 강해지고 그러면서 자신을 향한 사랑의 강도도 높아진다. 그리고 점차 그런 힘들이 외부로 드러나면서 일종의 긍정적 최면 상태가 된다.

　우리의 뇌는 생각만 하더라도 실제와 비슷한 반응을 보인다고 한다. 나와 다른 사람들의 행복을 생각한다면 뇌는 실제 행복한 상태와 같은 반응을 보인다는 것이다. 세상은 어차피 착각 속에 사는 것일 수도 있으니 이왕이면 행복한 착각이 좋지 않을까! 자신이 행복해하는 모습을 그려 보면서 혹은 밝고 따뜻한 빛을 만들어 비추어 주면서 해도 좋다. 어떤 방식이든 틈나는 대로 실천하자. 아는 후배는 휴대전화로 틈나는 대로 게임을 했더니 어느 순간 정말 기가 막힐 정도로 게임을 잘 하게 되었다고 한다. 그 시간에 사랑의 마음 주기를 했더라면 훨씬 좋았을 텐데. 아무튼 하면 할수록 좋아진다. 그러다 보면 머지않아 사랑이나 자신감을 스스로 만들어 낼 수 있다는 것에 가슴 벅찬 희열이 느껴질 것이다.

자신에게 가장 큰 사랑의 선물은 지혜다. 지혜롭게 변화하고 발전하는 것이 가장 적극적인 사랑의 실천이다. 첫 번째 방식은 말이나 마음으로 바라는 것이지만 두 번째 방식은 그 사랑을 실천하는 것이다. 지혜롭게 변화하여 괴롭지 않고 행복하게 살면 무엇이 더 필요하겠는가? 이제 자신을 사랑하는 만큼 다른 사람을 사랑하는 길만이 남게 될 것이다. 자신뿐만 아니라 다른 사람들도 함께 지혜롭게 살 수 있는 삶을 살 것이다.

| 차 한 잔의 변화 |

• 여러분, 우리는 스스로의 사랑을 필요로 합니다. 지금 잠깐 자신에게 사랑의 마음을 보내 줍시다.

• 지혜의 마음은 아직 준비가 안 되었나요?

스스로 자신감을 만드는 데 필요한 정신적 힘들

부정적으로 일어나는 마음을 흘려버리고 그러면서 유익한 마음을 일으키며 살면 반드시 긍정적인 삶의 변화가 일어난다. 그러나 아직 지속적으로 유익한 마음을 이끌어 갈 수 있는 정신적인 힘과 열의가 부족하기 때문에 긍정적 변화가 일어났다 하더라도 일시적이거나 변화의 내용이 미약할 수 있다. 방법은 아는데 계속해서 실천이 되지 않는 이유는 변화에 필요한 확신, 즉 자신감과 힘이 부족해서이다.

자신감이라는 상태는 따로 없다. 일종의 강한 만족의 상태다. 그런데 그 상태는 힘이 강해져 있는 상태다. 어떤 힘이 강한 상태인가? 바로 자각력, 집중력, 정신력, 통찰력, 믿음 등의 힘이 강해져 있는 상태다. 유익하고 강한 정신적 힘들이 작용하고 있는 상태인 것이다. 육체적 힘이 강한 사람은 힘이 강하다는 사실만으로 어떤 상황에서도 자신감이 일어난다. 정신적 힘도 마찬가지이다. 스스로 자신감을 만들기 위해서는 무엇이 필요한가? 간단하다. 유익한 정신적 힘들을 계발하면 된다. 요령을 알면 몸의 근육을 만들어 가듯 정신적 힘들도 더욱 강하게 만들 수 있다.

유익한 정신적 힘에는 다섯 가지가 있다. 자각력, 집중력, 정신력, 통찰력, 믿음. 이 다섯 가지를 불교(佛敎)에서 깨달음을 얻는 데 꼭 필요한 것이라 하여 오근(五根), 오력(五力)이라 부른다.

1) 자각력

자각은 말 그대로 지금 현재 스스로 자신을 알거나 어떤 현상을 정신 차려 잘 알고 있는 상태를 말한다. 인도말로 '사티(sati)'라고 하며 한문으로는 '자각(自覺)' 혹은 '념(念)'이라고 쓴다. 숨을 쉬는지 더운지 추운지 앉아 있는지 걷고 있는지 현재의 어떤 상태나 느낌을 잘 알고 있는 것이다. 대상을 사실대로 안다고도 하는데 그냥 표면적인 상태를 사실대로 알면 자각에 해당하고 대상의 속성을 사실대로 안다고 할 때는 통찰에 해당한다. 즉 자각은 그냥 겉모습을 사실대로 아는 것이고 통찰은 그 대상이 조건적으로 생겨난 일시적 현상임을 사실적으로 알고 있는 것이다. 자각의 다른 표현으로는 깨어 있기, 정신 차리기, 알아차리기 등이 있다.

자각력은 곧 지금 이 순간을 인지하는 힘이다. 평소 우리의 마음은 과거나 미래, 아니면 생각 속에 빠져 있는 경우가 많은데 마음을 다루는 테크닉을 실천하다 보면 마음이 지금 이 순간에 고정되어 있는 시간이 늘어난다. 쉽게 말해 정신 차리고 있는 시간이 더 많아지고 그만큼 부정적이거나 불안한 생각에 빠져 있을 여유가 줄어드는 것이다. 그러면 모든 면에서 우리 삶에 아주 유용한 역할과 도움을 준다. 유익하고 성공적인 변화를 위해서는 꼭 필요한 정신적 힘이다.

2) 집중력

집중은 말 그대로 하나의 대상에 마음 작용을 고정하는 것이다. 마음의 상태를 편안하게 하거나 대상의 실제 속성을 파악하려면 기본적으로 마음은 일정한 대상을 향하고 있어야 한다. 집중력이 왜 필요한지는 굳이 말로 설명할 필요가 없다. 모든 사람들이 다 필요로 하는 덕목이다. 보통 사람들은 재미있거나 절박할 때 몰입한다. 그런데 흔히 일반 사람들은 집중력과 정신력을 잘 구별하지 못하는데(이제까지 구별할 필요가 없었음) 집중력은 몰입의 강도, 즉 대상에 얼마나 깊이 빠져드는지 그 몰입의 깊이를 말하는 것이고, 정신력은 지속하는 힘에 해당한다.

사람들은 자신의 집중력이 약하다고 말한다. 집중력이 약하다는 것은 어떤 하나의 대상에 오래 마음을 두지 못한다는 것이다. 그런데 영화나 게임, 연속극을 볼 때는 몇 시간 동안 집중의 상태가 유지된다. 알고 보면 집중력이 부족한 것이 아니라 집중에 필요한 열의나 홍미, 요령이 부족한 것이다. 집중력을 키운다는 것은 넓은 의미에서 집중에 필요한 열의나 홍미, 요령을 키우는 것도 포함된다.

3) 정신력

정신력은 정신적인 지구력을 말한다. 자각하거나 집중하고 있는 상태를 오래 지속하게 하는 힘인데 흔히 운동선수나 군인들에게 요구되는 힘이기도 하다. 앞에서 집중력과 정신력을 잘 구별하지 못한다고 하였는데 학생이 공부할 때 주의가 산만하면 흔히 집중력이 부족하다고들 말한다. 그런데 이 경우 두 가지 힘이 다 부족한 것이다. 공부에 재미를 못 느끼기 때문에 공부하는 것에 푹 빠져 있지 못하게 되는데, 이 경우는 집중력이 충분히 생겨나지 못한 경우다. 또 다른 경우는 집중해서 공부하려 하는데 조금만 시간이 지나면 그 집중이 무뎌지는 경우다. 이 경우는 정신력이 무너진 것이다. 집중의 상태를 오래 끌어갈 수 있는 정신력이 부족한 것이다.

4) 통찰력

통찰력은 대상의 속성을 파악하는 힘이다. 단순히 대상을 그냥 알기만 하면 자각에 불과하다. 통찰력은 겉으로 드러나지 않은 내면의 사실적 특성이나 원리를 파악해 내는 힘이다. 통찰의 대상은 모든 정신 현상과 물질 현상이다. 그래서 우리의 마음이나 감정, 느낌, 행위 등이 통찰의 대상이 되고 더 나아가 우리가 살고 있는 이 복잡한 세상, 또 우리가 살아야 하는 삶이 다 통찰의 대상이 된다. 통찰의 힘이 커질수록 지금 이 순간 자신과 주변 세상, 자신의 삶을 더 정확하게 파악하게 될 것이다. 현재 일어나고 있는 현상들 간의 관계를 사실적으로 알 수 있다면 미래에 영향을 미칠 수 있는 요소들을 알게 될 것이다. 이는 현재 내가 해야 하는 것과 하지 말아야 하는 것에 대한 지침이 될 것이며, 이는 곧 미래에 대한 효과적인 준비로 작용하게 된다. 그래서 유익한 삶의 목표를 찾게 되고 더불어 유익한 노력도 뒤따르게 된다.

5) 믿음

믿음도 정신적인 힘이다. 생겨나기도 하고 또 없어지기도 한다. 정신적인 또는 신체적인 행위를 실천하게 하는 원동력인데 나머지 정신적 힘들에 앞서 가장 우선적으로 계발되어야 한다. 왜냐하면 이 믿음이 없으면 다 소용이 없어지기 때문이다. 생겨난 믿음도 시간이 지나면 혹은 조건과 상황이 변하면 사라질 수 있다. 그래서 생겨난 믿음은 줄어들지 않게 해야 하고 생겨나지 않은 믿음은 생겨나게 하는 요령이 필요하다. 지혜와 함께하는 믿음이 가장 바람직한 믿음이다. 지혜와 함께하는 믿음은 지금 하고 있는 노력이 유익하고, 해야 되며, 할 수 있다는 확신이다. 그리고 어떻게 해야 되는지 분명히 잘 알아 생겨난 다. 하지만 지혜와 함께하지 않는 믿음은 맹신에 불과하고 유익하지 않은 결과를 만들 수도 있다.

생활 속에서 유익한 정신적 힘 계발하기

스스로 자신감을 만드는 데 필요한 다섯 가지 정신적 힘을 살펴보았다. 이런 힘들이 계발되면 정말로 삶의 모든 분야에서 유익한 작용을 할 것이다. 아마도 거의 모든 사람들이 이런 힘들이 더 커지기를 바랄 것이다. 또한 이 힘들이 변화와 성공, 행복을 위해서도 반드시 필요한 요소임에는 틀림이 없다. 관건은 이 힘들을 어떻게 계발하는가이다.

원리적으로 보면 앞에서 설명한 기초적인 통찰을 습관화하여 점차 이러한 힘들을 키워나갈 수 있다. 그런데 그냥 통찰한다고 다 되는 것은 아니다. 재미없고 익숙하지 않기 때문에 그냥 잠깐 하다 말 확률이 높다. 그래서 무언가 효과적인 도구가 필요하다. 과연 현대인들에게는 어떤 도구가 필요할까?

알고 보면 일상의 모든 순간에서 통찰을 실천할 수 있다. 모든 것이 다 통찰의 대상이 되기 때문이다. 이왕 명상을 할 거라면 유익하면서도 편안한 조건에서 하는 것이 훨씬 더 효과적일 것이다. 일반적으로 사람들은 재미있거나 절박할 때 집중이 잘된다. 반대로 재미도 없고 절박하지 않으면 집중하기가 힘들다. 재미가 없어도 최소한 편안하면 집중이 된다. 불편하면 더더욱 집중하기는 힘들다. 그렇지만 편안하게 한다고 다 좋은 것만은 아니다. 가령 술이나 담배도 일시적으로 사람을 편안하게 한다. 그러나 그것들은 유익하지 않다. 궁극적으로 해로운 결과를 남긴다. 유익하면서도 편안하게 하는 도구가 필요하다.

또 현대인들은 식습관, 생활 습관, 주위 환경의 영향 때문에 쉽게 집중하지 못한다. 이럴 때는 감각적 느낌이나 움직임 등을 활용하여 집중하고 통찰하면 효과적이다. 유익하고 편안하면서 그리고 감각을 활용하고 동적이며 생활과 함께할 수 있는 통찰의 도구는 무엇이 있을까? 생활이 복잡한 현대인에게는 차 마시기를 활용하는 것이 효과적일 것이다. 차를 마실 때 우리는 오감을 두루 활용하고 조용하게 움직인다. 차 마시기는 현대인 대부분이 하고 있는 행위이며 정서적으로 또 약리적으로 우리를 편안하게 하고 이완시켜 주는 유익한 기능을 이미 하고 있다. 어차피 하고 있는 것에 더해 차를 준비하고, 우리고, 마시는 동작이나 차의 맛, 향기 등은 집중하고 통찰하는 데 훌륭한 도구가 될 수 있다.

　차를 마시면서 통찰할 수 있으면 같은 원리로 음식을 먹으면서 통찰할 수 있는데 그러다 보면 더 나아가 자연스럽게 운동이나 청소 같은 일상의 행위들을 점차 통찰의 대상으로 만들 수 있다. 결국 통찰하며 생활하고 생활하며 통찰하는 삶이 실천되고 그러면서 통찰의 효과는 극대화되는 것이다. 만약 녹차보다 커피를 좋아한다면 커피를 마시면서 해도 상관없다. 사람마다 혹은 처한 상황마다 다를 수 있는데 일단 주변에서 쉽게 활용할 수 있는 도구나 상황을 이용하면 된다.

　앞의 내용 중에서 자신을 사랑하는 방법으로 사랑의 마음 주기 실천법을 소개했다. 사랑의 마음 주기는 때와 장소에 구애받지 않고 정말로 아무 때나 할 수 있는 방법이다. 사랑의 마음 주기와 차 마시기를 같이 활용하면 그 효과는 더욱 두드러질 것이다. 사랑의 마음 주기는 자각력과 집중력, 정신력을 키워 주는 효과가 있지만 통찰력을 키워 주지는 못한다. 틈나는 대로 사랑의 마음 주기를 통해 부정적 마음 상태가 만들어지지 않도록 하면서 기초적인 힘들을 키운다. 거기에 차나 커피를 마시면서 통찰을 실천하면 필요한 힘들이 조화롭게 계발될 수 있다. 자세한 방법은 뒤에서 다시 설명할 것이다.

스스로 자신감 만들기

- 괴롭지 않다고 해서 꼭 행복한 것은 아니다.

- 무언가 유익하고 긍정적인 내용으로 마음이 채워져 있을 때 행복하다.

- 자신감은 강한 긍정의 상태다.

- 자신감은 자각력, 집중력, 정신력, 통찰력, 믿음 등의 유익한 정신적 힘들이 강하게 작용하고 있는 상태다.

- 사람들은 스스로 자신감을 만들지 못하고 자신감을 갖게 하는 조건을 충족해 자신감을 얻는다.

- 외적 조건을 통한 자신감은 한계가 있다. 조건이 변하면 자신감도 없어진다.

- 스스로 자신감을 만들기 위해서는
  ① 부정적 마음에 영향 받지 않고 유익한 정신적 힘들이 계발되어야 하고
  ② 성취감이 있어야 하며 ③ 가는 길을 분명히 알며 ④ 계속 나아져야 한다.

- 스스로 자신감을 만들기 위해서는 결국 마음과 삶을 통찰해야 한다. 이를 통해 부정적 마음들에 영향 받지 않을 수 있고 자신과 자신의 삶에 대한 지혜를 얻어 성취감이 생기고 뚜렷한 길을 알게 되며 지속적으로 나아지게 된다.

- 자신감은 매력이자 성공을 불러온다.

- 자신감은 변화의 원동력이다.

- 스스로 자신감을 만드는 사람은 곧 스스로 행복해하는 사람이다.

- 스스로 자신감을 만들려면 우선 스스로를 사랑해야 한다.

- 스스로를 사랑하는 방법으로 틈나는 대로 자신에게 사랑의 마음 주기를 실천한다.
  (내가 행복해지기를, 내가 괴롭지 않기를, 나로부터 미움이 사라지기를)

- 스스로를 사랑하는 가장 적극적인 방법은 지혜롭게 사는 길이다.

- 스스로 자신감을 만들기 위해서는 다섯 가지 힘을 계발시켜야 한다.

- 차나 커피를 마시면서 혹은 일상의 행위를 통해 다섯 가지 필요한 힘을 계발시킬 수 있다.

삶을 바라보는 방식을 바꾸면
보지 못했던 새로운 사실이나 변화의 흐름을 파악해 낼 수 있다.
그러면 미래를 예측하고 준비할 수 있게 된다.
마음과 삶, 인생을 통찰하면 유익한 삶의 목적을 알게 되고,
노력해서 그 목적에 가까워지면
인격도 변하고 삶도 나아지는 것이다.
그래서 또 운명이 변화되는 것이다.

제5장

인격의 변화 없이
행복은 완성되지 않는다

30대 초반 무렵 내게 갑자기 삶에 대한 회의가 들이닥쳤다. 나이는 들어 가는데 나이 든 만큼 달라진 게 없어서였다. 어렸을 적엔 나중에 나이가 들면 뭔가 크게 달라져 있을 거라고 은연중 믿고 있었다. 그런데 막상 나이만 들었지 모든 게 그저 그렇게 변하지 않고 있다는 생각이 드니 괴로움이 생겼던 것이다. 세상을 오래 살면 살수록 덜 산 사람보다 분명 나아져야 정상이 아닌가. 우리가 무언가를 배우러 학원에 갈 때도 다닌 만큼 배움의 내용이 달라져 있어야 한다.

그런데 우리의 삶이 그러한가? 살아온 날에 비례하여 나아지는 것이 없으니 삶에 대한 불만족으로 방황하게 되는 것이다. 이런 증상이 심해지면 우울증에 이를 수도 있다. 간혹 좋은 조건을 갖추고 있으면서도 그런 우울증으로 힘들어하는 사람들을 본다. 모르는 사람들은 고생을 안 해 봐서 그렇다고 생각할 수도 있지만, 분명한 삶의 목적이 없고 무언가 내적인 변화가 없거나 외적인 가치에 비해 내면이 빈약하다고 생각하면 그렇게 되기 십상이다. 분명한 목적이 있으면 그 목적에 가까워지는 것으로 자신의 향상을 확인할 수 있다. 또 분명한 목적이라고 해도 유익하지 않은 것이었다면 앞은커녕 옆 혹은 뒤로 가는 느낌을 지울 수 없을 것이다. 그때는 이런 생각을 할 것이다. '분명 매 순간 열심히 살았는데……, 주소가 틀렸나 봐.'

살아가는 시간만큼 정신적 성장도 함께해 준다면 얼마나 좋을까. 정신적 성장이란 인성이나 감성이 향상되고 지혜로워지는 것을 말한다. 그렇게 되는 것이 당연하고 또 그런 삶이 이상적인 삶이라고 믿었다. 하지만 외적인 변화에 따라 정신적인 발전도 함께한다는 것이 쉬운 일은 아니다. 생각은 있지만 여유가 없을 수 있고, 여건은 되나 변화의 필요성을 느끼지 못할 수도 있다. 또 변화하기는 하나 기술이나 지식 면에 그치고 말아 자신의 인격이 더 메마르고 초라해지는 경우도 많다. 머리는 잘 쓰고 살았지만 마음을 잘 쓰고 산 것은 아니었기 때문이다.

물질적 재산뿐만 아니라 마음의 재산도 늘려라

강의할 때 가끔 사람들에게 묻는다. "지금 본인의 마음이 더 순수한가요, 아니면 어린 아이들의 마음이 더 순수한가요?" 잠시 생각을 하다가 당연히 어린 아이들의 마음이 더 순수하다고 말한다. 마치 그게 당연한 것처럼 생각한다. 다시 질문을 던진다. "그러면 어린 아이들이 어른보다 더 잘 살고 있는 건가요?" 선뜻 대답이 나오지 않는다. 그건 아닌 것 같은데 그렇다고 어른들이 훨씬 잘 살고 있다고 말하기도 뭣할 것이다. 세상은 순수함만으로 살 수는 없고 어떤 면에서는 그 순수함이 도움이 안 될 때도 있다.

어떻게 사는 게 잘 사는 것인지에 대한 기준은 정해져 있지 않다. 돈, 출세, 배움 등이 기준이 될 수 있고 오래 산 것을 기준으로 할 수도 있다. 한편 우리는 지혜로움과 성숙한 인격을 가지는 것을 진정 잘 사는 길이라고 도덕 시간에 열심히 배웠다. 그러나 살다 보면 이런 내용은 머릿속에 단편적으로 남아 있는 이상일 뿐이다. 우리는 일단 돈을 벌고 출세하고 결혼하고 잘 살고 즐기는 것에 대부분의 에너지를 소모하고 있다.

그런데 문제는 살다 보면 또 생각이 달라진다는 것이다. 다 그런 것은 아니지만 그렇게 정신없이 살다가 혹은 나이를 지긋이 먹어 여유가 생겼을 때 어느 날 자신의 내면적 모습이나 가치를 진지하게 보게 되는 순간이 찾아올 때가 있다. 그때가 되면 이젠 무언가 잊고 있던 것을 찾고 싶어지고, 혹은 지난 시간 비어 있던 정신적 곳간을 채워 보겠다고 허전한 마음을 달래려 애쓰곤 한다. 그렇게 사는 것이 진정한 행복이라고 생각하기 시작하는 것이다. 그런데 현실적으로 그것이 생각만큼 쉽지 않다. 습관이 안 되어 있기도 하지만 새로운 무언가를 배우기 위한 정보도 부족하기 때문이다.

그래서 우리는 종교를 통해 이런 부족한 부분을 채우려 한다. 일주일에 한두 번 좋은 말씀 듣고 기도나 봉사 활동 등을 통해 채워야 할 마음 항아리에 무언가를 부어 넣는다. 아마 종교가 인류의 역사와 함께 없어지지 않고 지속되는 이유는 다음 두 가지 때문일 듯하다. 하나는 욕망의 실현이고 또 하나는 정신적 발전의 갈구 때문이 아닌가 한다. 그렇다면 우리는 과연 종교를 통해서 그런 정신적 발전과 인격의 변화를 체험하고 있는가? 그럴 수도 있고 안 그럴 수도 있다. 냉철히 이 부분을 생각해 보자.

현재 우리나라에는 종교인이 무종교인보다 훨씬 많다. 우스갯말로 우리나라 전체 인구보다 종교를 가지고 있는 사람들이 더 많다고 하는데 그만큼 종교 활동을 하는 사람들이 많다는 뜻이다. 종교 활동을 하는 사람들이 인구의 절반 정도 된다고 간단히 생각할 때, 그들의 삶은 과연 종교 활동을 하지 않는 사람들보다 나은가? 멀리 찾아볼 필요도 없다. 이 책을 읽고 있는 사람들 중에도 종교 활동을 하는 사람들이 있을 것이고 아니면 가까운 누군가는 반드시 그러할 것이다. 솔직히 말하자면 다 똑같은 것 같다. 종교가 없어도 잘 사는 사람들은 잘 살고 또 종교 활동을 오래 했다는 사람들도 비난 받는 삶을 살기 일쑤다.

종교를 비난하고자 하는 것은 아니다. 종교 자체는 문제가 없다. 종교 활동을 하는 사람들이 그 종교의 가르침을 제대로 실천하지 못해 변화된 삶을 살지 못하는 것이 문제다. 마음 항아리를 채우긴 하는데 구멍이 뚫려 있거나 아니면 그냥 바닥에 찔끔 물을 뿌려 주는 정도로 그치기 때문일 것이다. 강의 중 앞자리의 한 나이 든 여성분에게 종교 생활을 얼마나 했는지 물어보았다. 30년 넘게 했다고 한다. 그러면 식구들이 오랜 종교 생활을 통해 훌륭하게 변한 자신을 좋아하느냐고 또 물었다. 전혀 그렇지 않다고 한다. 그럼 왜 그리 오래 종교 생활을 했는데 변화하지 않았느냐고 물으니 바빠서 시간이 없었다고 한다. 동문서답 같기도 하고 정답인 것 같기도 하다. 아무튼 이분의 대답은 주위 분들에게 웃음을 선사해 주었고 또한 참다운 종교 활동에 대해 다시 생각하게 해 주기도 했다.

| 차 한 잔의 변화 |

• 살면서 더 나아진다는 것은 어떤 것을 의미할까요?

• 현재 본인의 정신적 재산은 부유한가요, 아니면 빈곤한가요?

인격의 변화 없이 행복은 완성되지 않는다

아무리 많은 행복의 조건을 갖추었다 해도 인격의 변화가 수반되지 않으면 행복은 완전해지지 않는다. 일단 본인 스스로 만족해하지 않을 것이다. 자신의 정신 상태나 자신의 삶에 대한 만족이 없는데 어떻게 행복해질 수 있겠는가. 인격 수양 혹은 인격의 변화라고 흔히들 말하는데 도대체 인격이 변한다는 것은 무엇을 말하는 것일까? 인격이 변한다는 것은 우리가 가지고 있는 가치관과 삶의 태도가 달라지는 것을 말한다. 다시 말해 아는 것이 달라지고 그래서 행동이나 기본적 마음 상태 또한 변화되는 것을 말한다. 중요한 것은 변화 중에서도 행복을 위한 유익한 쪽으로 변화하는 것이다. 무엇이 유익한 것인가? 우리는 집착, 분노, 무지를 가지고 있는데 그것이 결과적으로 줄어들면 유익한 것이고 그것이 늘어나면 유익하지 못한 것이다. 왜냐하면 그것들이 늘어나면 더 괴로워질 것이고 줄어들면 덜 괴로워지기 때문이다. 본인만 그런 것이 아니라 다른 사람들에게도 영향을 미친다. 그래서 인격의 변화는 결국 근본 생각이 변하고 그러면서 집착, 분노, 무지가 줄어드는 삶을 보여 주는 것이다.

우리는 자연스레 나이를 먹어 간다. 그런데 나이를 먹어 가다 보면 대개 아는 것도 늘어나고 경험과 재산도 늘어나고 지위도 높아지지만 그렇다고 집착, 분노, 무지가 줄어들지는 않는다. 오히려 더 늘어날 확률이 높다. 삶의 가치를 인격 수양이나 정신 수양 같은 것에 두지 않기 때문이다. 그냥 죄 짓지 않고 인간의 도리를 하면서 살면 충분하다고 생각한다. 만약 한창 열심히 일하고 있는 젊은이에게 인격 수양이 필요하다 등등의 말을 하면 지금 그게 무슨 필요가 있느냐고 따질 것이다. 그런 것 생각하면 경쟁에서 도태되고 현실 생활을 잘 못할 것이라는 선입관을 가지고 있기 때문일 것이다. 아직 물질적 조건을 충족해 보지 못했기 때문에 정신적 조건이 필요하다는 인식을 하지 못해서이기도 하고, 또 현실을 살아가는 데 당장 필요한 것이 아니어서도 그럴 수 있을 것이다. 뭐가 되었든 일단 열심히 살도록 해야 한다. 열심히 살아 보고 때가 되어서 진짜 행복은 인격 수양에서 온다는 것을 알게 되면 그때도 늦지 않을 것이다. 가장 늦는 때는 죽는 순간 아쉬워하는 것이다.

인격 변화의 핵심은 앎의 변화이다. 앎이 변하면 마음 상태도 변하고 삶의 태도도 변할 수 있다. 앞에서 마음의 상태는 대상에 부여하고 있는 가치에 따라 달라진다고 하였다. 그런데 근본적인 앎이 변하면 대상에 부여하는 가치가 달라진다. 만약 지금 누군가가 어렸을 적 많이 가지고 놀던 딱지나 인형 같은 것을 선물한다면 어떤 반응을 보일까? 이 책을 읽고 있는 사람들은 모두 어른이라는 가정하에 하는 질문이다. 당연히 무슨 이런 쓸데없는 것을 선물하느냐고 화라도 낼 것이다. 그런데 예전 어렸을 적엔 그것들을 분명 좋아하고 무척 귀중하게 여겼을 것이다. 세상을 살아가면서 이제 그것들이 가치가 없다는 것을 알게 되었고 그러면서 애착도 떨어진 것이다. 이처럼 아는 것이 달라지면 대상에 대한 반응 또한 달라진다. 인격의 변화는 그냥 마음을 다스리는 것을 통해 이루어지는 것이 아니라 우리가 우리 자신과 세상에 대해 가지고 있는 근본적 앎이 변하고 그래서 가치관이 변할 때 자연스럽게 일어나는 결과다. 짧게 말해 아는 게 변하면 사는 것도 달라진다는 말이다.

그렇다면 우리가 가지고 있는 근본적인 앎이나 가치관을 어떻게 바꿀 것인가? 구태여 지금의 생각을 바꿀 필요가 없다고 여긴다면 인격의 변화도 필요 없는 문제이다. 그냥 살던 대로 살면 된다. 생각을 바꾸는 일은 쉬울 수도 있고 어려울 수도 있다. 그런데 먼저 한 가지 생각해 보자. 생각이 변하는 데 걸리는 시간은 얼마나 될까? 전에 한번 강의 시간에 질문을 던진 적이 있었다. 즉각 대답이 나오지는 않았지만 여러 가지 답이 나왔다. 그중에서 두 가지 답이 주류를 이루었다. 시간이 많이 걸린다와 순간 변한다는 답이다. 그렇다. 두 가지 답이 다 맞다. 막상 생각이 바뀔 때는 눈 깜짝할 사이에 변화가 일어난다. 생각이라는 것이 원래 따로 있는 것이 아니라 그렇게 알고 있는 것이라서 어떤 계기를 통해 아는 것이 달라지면 생각도 변하는 것이다. 그런데 또 금방 쉽게 변하지는 않는다. 변하는 것은 순간이지만 그런 변화가 일어나기까지는 정말로 오랜 시간이 걸린다. 어떤 경우는 죽는 순간까지 생각이 안 변하기도 하고 생각을 바꾸는 대신 죽음을 선택하기도 한다.

| 차 한 잔의 변화 |

• 인성과 삶의 만족은 관련이 있을까요?

• 예전 어렸을 적 좋아하던 것을 지금도 좋아하고 있습니까?

• 만약 달라졌다면 무엇 때문일까요?

보는 법이 다르면 아는 것도 달라진다

생각이 변할 때는 그 대상에 대한 정보가 달라지고 알고 있는 내용이 달라질 때다. 인격의 변화는 생각이 변한다는 것이 전제가 되는데 그럼 지금 우리가 하고 있는 생각들은 다 문제가 있는 것일까? 문제가 있을 수도 있고 없을 수도 있다. 그냥 지금보다 더 나은 생각을 해보자는 것이지 지금의 생각들이 깡그리 문제 있다고 지적하는 것은 아니다. 보다 더 나은 생각을 한다는 것은 득이 되지 실이 되지는 않을 것이다. 그런데 우리는 보다 좋은 생각을 할 수 있는데도 계기가 되지 않아서 혹은 방법을 모르고서 그냥 살고 있기도 하다. 한 생각이 바뀌면 인생이 바뀔 수도 있는데 말이다.

대상에 부여하고 있는 가치 혹은 생각은 경험을 통해서 그리고 보고 아는 방식을 달리 할 때 변한다. 어떤 일이나 사람을 경험하고 나면 생각이 변한다. 간혹 강의 중에 우스갯소리로 물어본다.

"결혼 전 연애할 때와 결혼하고 몇 년이 지난 후 배우자에 대한 생각은 같은가요?"

"첫날밤부터 달라졌어요. 하하."

"겪어 보고 나니 생각이 많이 달라졌지요?"

"네~."

"겪어 볼수록 나아지던가요?"

"깔깔~."

겪고 나면 생각이 달라지지만 우리는 세상 모든 것을 다 경험할 수는 없다. 주어지거나 제한된 것만을 경험한다. 경험하는 것 외에 보고 아는 방식을 바꿀 때 생각이 변한다. 즉 무슨 말인가 하면 그냥 눈으로 볼 때와 알고 볼 때, 또 현미경으로 볼 때 대상에 대한 가치나 생각이 달라지는 것과 같다. 그냥 눈으로 어떤 맛있어 보이는 음식이 있어 먹고 싶어 군침을 흘리고 있는데, 누군가 그 음식의 원료가 몸에 해로운 성분이라고 말한다면 순간 먹고 싶은 생각이 사라질 것이다. 게다가 현미경으로 그 음식 위에 수많은 세균이 득실거리는 장면을 보게 된다면 아예 정나미가 뚝 떨어질 것이다.

대상을 받아들이는 방식에는 크게 세 가지가 있다고 한다. 그냥 표면적으로 아는 것, 그리고 어떤 정보와 함께 아는 것, 마지막으로 통찰하는 것이다. 우리는 평소 첫 번째와 두 번째 방식으로 대상을 받아들이고 그 대상에 대한 인상이나 가치를 결정한다. 그냥 겉으로만 알거나 어떤 정보와 함께 아는 것에 꼭 문제가 있는 것은 아니다. 문제는 원래 그대로 사실적으로 아는 것이 아니라는 것이다.

〈대상을 받아들이는 방식 세 가지〉
• 표면적으로 아는 것
• 어떤 정보와 함께 아는 것
• 통찰하는 것

살아가면서 우리는 모든 것을 사실적으로 보고 알며 살고 있다고 판단하지만 실은 우리가 만든 어떤 개념이나 관념의 세상에 살고 있는 것이다. 즉 개념이나 관념의 필터를 통해 의미를 만들어 가고 있는 것이다. 예를 들어 박수를 한 번 쳐 보자. 두 손뼉이 부딪치면서 소리가 난다. 그 소리를 우리는 손뼉 치는 소리, 혹은 박수 소리라고 한다. 그런데 엄밀히 박수 소리는 따로 없다. 그냥 두 손의 부딪침일 뿐인데 박수 소리라는 이름을 붙인 것이다. 또 박수 소리는 두 손이 부딪치는 순간, 찰나에만 존재하지 따로 있지는 않다.

우리는 TV를 볼 때 화면이 1초에 수십 번 깜박이는 정지 화면이라고는 생각하지 않는다. 그냥 움직이고 있는 것으로 알고 내용 속에 빠져 또 다른 관념의 세계를 창조한다. 인간의 의식 과정은 아주 빠르게 진행되는 반응과 작용이다. 생물학적으로 보면 뇌세포 간에 주고받는 호르몬 분비 과정이다. 그러나 우리는 우리의 의식을 어떤 진행의 과정이라 생각하지 않고 마치 본래부터 있는 것이라 여긴다. 지금 이 순간 우리가 경험하는 소리, 빛, 냄새, 맛, 몸의 느낌, 일어나는 생각 등도 알고 보면 매 순간 발생하면서 사라지는 연속된 과정이다. 그러나 우리는 그것을 실제 벌어지는 현상 그대로가 아니라 개념으로 받아들인다. 그러면서 마치 그것들을 진짜 있는 것으로 착각하는 것이다.

표면적으로 보고 아는 것과 어떤 정보를 가지고 보고 아는 것은 아무리 객관적이라 해도 결과적으로는 주관적일 수밖에 없다. 야구 경기에서 공과 주자가 거의 동시에 1루 베이스에 들어왔다고 하자. 이때 응원하는 팀에 따라 본 것이 다르다고 이야기할 수 있다. 100명의 사람이 길 위의 똥을 보고 똥이라 알아도 지나가는 개의 눈에는 한 끼의 식사로 보일 것이다. 우리가 사실인 것처럼 믿고 있는 어떤 사실도 더 큰 차원에서 보면 사실이 아닐 수 있다.

생각나는 이야기가 있다. 동네에서 길을 걷다 보면 전봇대나 벽 등에 간혹 개들이 싸 놓은 오줌의 흔적을 볼 수 있다. 그것은 소변이 마려워 그냥 볼일을 본 것이 아니다. 개들도 알게 모르게 자신의 영역이라는 것을 생각하고 오줌을 뿌려 여기는 내 땅이라는 표시를 하는 것이다. 가끔 자신의 영역에 침입자가 생기면 악을 쓰고 지키려 애쓴다. 개들이 아무리 자기네 거라고 서로들 싸워도 인간의 눈에는 그것이 별 의미가 없다. 정작 땅의 주인은 따로 있기 때문이다. 인간들도 현재는 소유하고 있는 땅이 자기네 거라고 굳게 믿고 있는데 모를 일이다. 그게 또 쓸데없는 생각일는지. 실체가 없는 것을 마치 실체가 있는 것인 줄 알고 믿을 때 우상을 믿는다고 표현한다. 우상을 타파해야 한다는 말이 세상에 난무하는데, 진정한 우상 파괴는 바로 우리가 가지고 있는 착각이나 잘못된 믿음에서 벗어나는 것을 말한다.

| 차 한 잔의 변화 |

• 본인의 생각이 절대적으로 옳다고 여기지는 않지요?

통찰을 통해 사실대로 보아야 하는 것에 네 가지가 있다.

첫 번째, 내용은 바로 매 순간이 모두 다르고 흘러가고 있다는 것이다. 만약 지금 이 순간 의식을 집중하면, 지금 이 순간은 매 순간 흘러가고 있는 것임을 누구나 알 수 있다.

두 번째, 사실대로 보아야 할 것이 있다. 지금 이 순간 여기 존재한다고 여겨지는 모든 것들은 반드시 두 가지 중 하나다. 하나는 정신적인 것이고 또 하나는 물질적인 것이다. 아무리 수많은 종류와 형태가 있다 해도 결국은 정신적인 것, 물질적인 것 두 가지일 뿐이다.

세 번째, 사실대로 알아야 하는 것은 무엇일까? 바로 지금 여기 실재하는 정신적인 것이거나 물질적인 모든 것들은 영원하지 않다는 사실이다. 오래전부터 그렇게 있어 왔고 마치 앞으로도 계속해서 있을 것처럼 생각되는데 실은 영원한 것은 없다.

네 번째, 사실대로 알아야 할 것은 지금 여기 실재하는 그 어떤 것이든 반드시 어떤 조건과 원인에 의해 생겨났으며 그래서 조건적이고 일시적으로 존재하고 있다는 사실이다. 하늘에서 내리는 비가 그냥 갑자기 생겨난 것이 아니라 여러 조건과 원인에 의해 생성된 것처럼 말이다. 우리 자신을 한번 생각해 보자. 본래 옛날부터 존재해 왔던가? 아니다. 그럼 앞으로 영원히 존재하는가? 아니다. 또 홀로 스스로 존재하는가? 그렇지도 않다. 공기와 물, 흙, 음식, 태양 등의 조건하에 생존하며 또 스스로 태어나지도 않았다. 사람만 그런 것이 아니다. 태양이나 지구, 하늘 등도 아주 오랜 세월 어떤 연유로 해서 생겨난 것들이고 지금 이 순간 또한 변화하고 있다. 과학자들도 영원한 존재를 말하지 않는다.

- 지금 이 순간은 흘러가고 있다.
- 지금 여기 존재하는 것은 정신과 물질 작용일 뿐이다.
- 영원한 것은 없다.
- 모든 것은 조건과 원인에 의해 생겨났다.

우리가 통찰을 통해 사실을 사실대로 알아야 하는 것들은 어찌 보면 지극히 상식적인 것들이다. 너무나 상식적이라서 사실이고 또 너무나 당연하기 때문에 사실이다. 그런데 우리는 평소 이렇게 사실을 사실대로 알지 못하고 산다. 생각해 보면 알 수 있는 내용이지만 단지 생각을 못하고 사는 것이다. 자신만의 가치관과 견해를 가지고 대상을 받아들이기 때문에 사실대로 보기보다는 자기만의 방식으로 보는 것이다. 이렇게 통찰을 통해 사실을 사실대로 보고 아는 것을 지혜롭다고 하고 그렇지 못한 것을 지혜롭지 않다고 한다. 현실적으로 매 순간 이러한 사실을 생각하면서 살기는 힘들다. 그런데 일단 자신을 힘들게 하는 순간이나 상황에서 되도록 그 순간을 앞에서 말한 대로 사실대로 받아들이려고 노력해 보라. 보고 아는 방식을 바꾸었을 뿐인데 분명 대상에 대한 가치가 변하고 더불어 그 대상에 대한 반응과 의도가 달라진다.

누군가 자신을 향해 듣기 싫은 잔소리를 할 때 그냥 잔소리로 듣는다면 불쾌한 감정이 일어날 것이다. 그러나 그 소리는 본래부터 있는 것이 아니라 지금 이 순간 조건적으로 생겨난 것이고 듣는 순간 사라지는 것이라고 알면서 듣는다면, 또 그 소리를 들으면서 일어나는 내 마음의 부정적 반응 역시 조건적으로 일어난 것임을 알고 있다면 분명 현저히 부정적 반응과 의도는 줄어든다. 아프거나 덥거나 추울 때도 활용해 보자. 또 할 수 있다면 자신을 기쁘게 하는 순간에도 한번 통찰해 보자. 이렇게 해서 필요 이상의 기대와 집착을 줄여 나갈 수도 있다.

통찰하며 사실적으로 보고 아는 것은 처음에는 단순한 몸의 느낌이나 마음 상태, 그때의 상황일 것이다. 그런데 점차 그 대상을 일상의 삶으로 확대시킬 수 있다. 삶을 통찰하여 삶에 대한 생각을 바꾸어 보자. 삶을 바라보는 방식을 바꾸면 보지 못했던 새로운 사실이나 변화의 흐름을 파악해 낼 수 있다. 그러면 미래를 예측하고 준비할 수 있게 된다. 마음과 삶, 인생을 통찰하면 유익한 삶의 목적을 알게 되고, 노력해서 그 목적에 가까워지면 인격도 변하고 삶도 나아지게 된다. 그래서 또 운명이 변화되는 것이다.

| 차 한 잔의 변화 |

• 지금 잠시 보거나 듣는 방식을 바꾸어 보면 어떨까요?

강의를 하다 보면 배우는 것보다 더 많이 공부하게 되는 게 분명하다. 또 같은 내용을 여러 번 반복해서 강의하다 보면 전혀 상관없다고 생각했던 주제와도 연결이 되고 그러면서 이해의 깊이가 더해짐을 느낄 수 있다. 5년 전에 강의했던 한 교재로 기회가 생겨 다시 강의를 하게 되었다. 5년이라는 세월이 흘러서인지 예전에는 알지 못했던 행간의 뜻이 조금씩 보이기 시작했고 덕분에 공부의 기쁨과 열정이 더욱 새로워지고 있다. 새롭게 알게 되는 것은 지금 공부하고 있는 내용에 대해서만이 아니다. 앞으로 무엇이 더 필요하고 또 어느 부분에 노력을 기울여야 하는지도 더욱 분명해지고 있다.

노력한다고 다 잘되는 것만은 아니다. 세상은 노력만으로 이루어지지 않기 때문이다. 노력과 함께 현재와 미래를 볼 수 있는 지혜가 함께해야 한다. 그런데 현재와 미래는 그냥 보려고 한다고 다 보이는 것이 아니다. 그저 아는 만큼만 보일 뿐이다. 충분히 노력하고 그러면서 순간순간 깨침이 있어야 그 깨침의 크기만큼 더 분명히 현재와 미래를 볼 수 있다. 공부뿐만 아니라 사회적 활동 역시 마찬가지이다. 현재 노력하고 있는 사람은 그렇지 않은 사람보다 분명 현재의 사실을 더욱 잘 알 수 있지만, 그의 노력 속에 현재의 사실과 상황에 대한 통찰이 없으면 미래를 예측할 수 없다. 노력만 하고 미래를 준비하지 못하면 예상하지 못한 결과를 만날 수 있다.

미래를 보는 눈은 결코 짧은 시간에 생기지 않는다. 적어도 한 분야에 대한 오랜 경험과 통찰이 있어야 하고 현재 벌어지고 있는 현상에 대한 철저한 파악과 이해가 있어야만 가능하다. 현재 적극적 노력을 하지 않거나 통찰하며 살지 않는 사람의 눈에는 미래를 보는 사람의 생각과 노력이 부질없고 엉뚱한 것으로 보일 수 있다. 왜냐하면 그런 길이 보이지 않기 때문이다. 결국 시간이 지나면 세상은 미래를 보고 준비한 사람들에 의해 변화된다. 미래를 보지 못하는 사람들은 그냥 이끌리는 삶을 살거나 뒤늦게 따라잡느라 호들갑을 떤다. 요즘은 변화의 주기가 너무나 빨라지고 있다. 잠깐 동안이라도 변화의 흐름을 놓치면 따라잡기 힘들 정도로 순간 격차가 벌어지기도 하고, 앞서간다고 자만하고 있을 때 모르는 누군가가 새로운 미래를 준비하고 추월해 가기도 한다. 미래를 잘 아는 자는 미래가 결코 두렵지 않다. 오히려 희망적이다.

우리가 알아야 하는 것은 세상살이에 대한 이해와 준비만이 아니다. 마음이라는 것을 함께 알고 있으면 금상첨화일 것이다. 아무리 세상에 대해 잘 알고 준비했다 하더라도 자신의 마음이 무너져 내리거나 어둠에 묻혀 버리면 말짱 소용없는 일이다. 마음을 안다는 것은 마음을 다루는 방법을 아는 것이다. 마음을 다루기 위해 이 책에서는 전략적으로 마음을 통찰하는 방법을 소개하고 있다. 마음이라는 것이 본래 있는 것이 아니라 만들어지고 있는 것이라고 보는 것이다. 그렇게 해서 결과적으로 마음이 무너져 내리지 않게 하기 위해서이다. 또 어렴풋이 마음이라는 것이 어떤 것인지 알게 될 수도 있다. 마음을 잘 다루게 되면 마음의 상태에 영향을 미치는 요소가 변하게 되고 그래서 마음은 알면 알수록 가벼워진다.

우리가 우리의 마음을 알면 마음만 가벼워지는 것이 아니라 우리가 모르고 있던 세상의 모습도 그만큼 더 잘 보인다. 아는 만큼 보이기에 무엇을 해야 하는지 분명히 알게 되고 유익한 노력을 일으키며 살게 된다. 목적을 향해 열정을 가지고 유익한 노력을 하기 때문에 변화에 필요한 힘들은 강해지고 살아가는 시간만큼 유익한 발전을 이룬다. 유익한 발전과 함께 삶에 대한 태도가 변하는데 삶에 대한 태도의 변화는 곧 인격의 변화이다. 결국 그러한 유익한 변화와 함께 희망적으로 이끌어 가는 인생을 영위할 것이다. 희망적으로 이끌어 가는 삶 자체가 바로 행복이고 통찰의 결과다.

| 차 한 잔의 변화 |

• 삶의 경험과 보고 아는 범위는 어떤 연관이 있을까요?

• 자신을 아는 만큼 세상을 보는 안목에도 영향을 미칠까요?

오래 산다고 잘 사는 것은 정말 아닌 것 같다. 산 만큼 지속적으로 유익한 변화가 함께할 때 스스로 그리고 다른 사람들로부터 잘 살았다는 평가가 내려질 것이다.

어느덧 한국도 노령화 시대에 접어들었다. 노인들의 비중이 그만큼 늘었다는 얘긴데 늘어난 노인들의 비중만큼 사회적 성숙도가 높아졌으면 좋겠다. 우리는 주변에서 자식이나 손자들과 잘 소통하지 못하는 노인들을 자주 본다. 동화 속에서는 노인들이 자신들을 이끌어 줄 지혜의 말을 해 주는 현자로 등장하지만 현실에서는 대화 상대가 되지 않는 우매한 사람처럼 보인다. 세상 돌아가는 것을 잘 몰라 늘 똑같은 소리만 하기 때문이다.

모든 노인들이 다 그런 것은 아니다. 아직도 활발히 대중 활동을 하고 젊은 사람들을 위해 자신의 경험과 열정을 보태는 사람도 많다. 변화가 아주 느렸던 시대에는 젊은 날의 지식과 경험이 노년에 더욱 빛을 낼 수 있었다. 그러나 빠르게 변하고 있는 현대 사회에서는 아쉽게도 그러한 지식과 경험이 너무나 일시적으로 끝나 버린다. 지식과 경험은 없어서는 안 될 중요한 요소지만 그보다 세월과 함께 성장할 수 있는 가치를 키워 나가는 것이 더 중요하다.

노인이 되면 가장 큰 문제가 삶의 목적이 사라진다는 것이다. 목적이라 생각했던 것을 다 이루었을 수도 있고 아니면 더 이상 할 수 없는 상태가 되어 포기했을 수도 있다. 목적이 없으면 대부분의 시간을 그냥 일어나는 마음 상태로 보내게 된다. 과거의 기억을 떠올리거나 텔레비전 보기, 단순한 여가 활동 하기 등에 대부분의 시간을 소비하게 되는데 마음 상태가 수동적으로 만들어지는 상태라서 물리적으로 뇌의 기능도 떨어질 수밖에 없다.

그러나 존재하는 동안 끝까지 함께할 수 있는 삶의 가치나 목표를 가지고 있다면 상황은 분명 달라질 것이다. 지속적 발전과 노력으로 노년의 여유를 한층 풍부하게 해 줄 것이다. 목적을 향해 지속적 노력을 하기 때문에 변화할 수밖에 없다. 노력할수록 더 많이 알게 되고 그만큼 또 생각은 변한다. 생각이 변하면 가치나 삶의 태도 또한 변한다. 결국 계속해서 인격의 변화가 일어나는 것이다. 인격의 변화는 노인들에게만 필요한 덕목은 아니다. 돈이 많고 지위가 높다 해도 욕 먹어 가며 지지고 볶고 살면 무슨 의미가 있는가? 인격의 변화가 수반 될 때 삶의 과정 또한 의미가 있고 기쁨이 있고 만족이 있는 행복한 여 행이 될 것이다.

| 차 한 잔의 변화 |

• 지금 자신의 삶에 만족하나요?

• 나이에 비례하여 정신적으로 나아지는 것 같습니까?

인격의 변화 없이
행복은 완성되지 않는다

- 머리만 쓰지 말고 마음도 쓸 줄 알자.

- 물질적 재산뿐만 아니라 마음의 재산도 늘려라.

- 인격의 변화 없이 행복은 완성되지 않는다.

- 보는 법이 다르면 아는 것도 달라진다.

- 대상을 받아들이는 방식 세 가지

    – 표면적으로 아는 것, 어떤 정보와 함께 아는 것, 통찰하는 것

- 통찰을 통해 사실을 사실대로 보자.

- 사실대로 알아야 할 사실이란

    – 지금 이 순간은 흘러가고 있다. 지금 여기 존재하는 것은 정신과 물질 작용일 뿐이다. 영원한 것은 없다. 모든 것은 조건과 원인에 의해 생겨났다.

- 아는 만큼 보인다.

- 유익한 목적과 지속적 노력을 통해 정신적 힘들을 키우고 삶을 변화시키면 삶에 대한 태도가 변한다. 삶에 대한 태도의 변화가 곧 인격의 변화이다.

마음이 변하면 삶이 변한다.
삶이 변하기를 원한다면 먼저 마음을 바꿔야 한다.
마음을 바꾸기 위해서는 대상에 대한 가치를 바꿔야 하고,
가치를 바꾸기 위해서는 받아들이는 방식을 바꾸면 된다.
삶은 세상을 어떻게 보고 받아들이느냐에 따라
확연히 달라진다.

스스로 만들어 가는
인생을 살라

마음이 변하면 삶이 변한다. 삶이 변하기를 원한다면 먼저 마음을 바꿔야 한다. 마음을 바꾸기 위해서는 대상에 대한 가치를 바꿔야 하고, 가치를 바꾸기 위해서는 받아들이는 방식을 바꾸면 된다. 삶은 세상을 어떻게 보고 받아들이느냐에 따라 확연히 달라진다. 마음을 보는 방식을 바꾸는 차원에서 전략적으로 마음이라는 것을 만들어지는 것이라 보자고 했다. 마음은 만들어지고 있다는 논리로 우리는 부정적 마음들로부터 자유로워질 수 있고 기초적으로 마음이라는 것을 알아 가게 된다. 또 이를 지속적으로 실천하면서 자각력, 집중력, 정신력, 통찰력 등의 유익한 정신적 힘들을 키워 강한 자신감을 만들 수 있다. 그리고 자신과 자신의 삶, 세상을 통찰하면서 인격의 변화를 이끌어 낼 수 있다.

보고 아는 방식을 바꾸어 결과적으로 다음의 세 가지 유익한 변화를 이끌어 내는 것이다.
① 마음을 다치지 않는다.
② 스스로 자신감을 만들 수 있다.
③ 인격의 변화가 일어난다.
이것들은 행복을 얻기 위한 3박자 요소들인데, 이 중에서 하나

라도 빠진다면 행복해질 수가 없다. 행복은 기본적으로 마음을 다루는 데 달려 있다.

우리는 행복을 원하면서도 그 방법을 찾지 못했다. 오직 행복하게 해 주는 것 같은 조건만을 추구하며 살았다. 곧 욕망과 착각, 무지에 그대로 끌려가며 살아왔던 것이다. 그런데 우리가 가지고 있는 마음의 기능은 참으로 묘하다. 마음에 일어나는 모든 반응은 그냥 일어난 것일 수도 있지만, 내가 의도적으로 일으킬 수도 있다는 것이다. 이 책에서 강조하는 것이 바로 이것이다. 요령과 노력을 통해 유익하고 지혜로운 마음을 얼마든지 일으킬 수 있음을 알아야 하는 것이다. 그래서 무심코 일어나는 부정적 반응들을 물리치고 긍정적이면서도 희망적으로 모든 성공적인 변화를 이끌어 가는 것이다.

행복해지는 길은 이렇게 스스로 마음을 이끌어 가며 사는 삶을 말한다. 클리어 마인드 & 클리어 라이프 전략에서는 바로 이것을 지향한다. 깨어 있기, 집중하기, 통찰하기 등의 기법을 통해 앞으로 일어날 괴로운 조건을 예방하고, 현재 일어나고 있는 괴로움을 잊게 하며, 근본적 앎을 변화시켜 자신감과 인격의 변화를 이끌어 내는 것이다. 이러한 방법은 누구나 다 실천 가능하고, 일상생활 속에서도 쉽게 실행할 수 있다. 아무리 좋아도 생활 속에서 실천할 수 없다면 그림의 떡일 것이다. 하지만 책을 읽으면서, 차 한 잔을 하면서, 또 대화를 하면서 우리는 충분히 자신을 변화시킬 수 있다. 이제 일상생활 속에서 어떻게 자신을 변화시켜 가는지 그 원리와 실천을 살펴볼 차례다.

제2부

변화를 위한 원리와 실천 테크닉

보고 아는 방식의 변화 2

마음을 효율적으로 다루기 위해 1부에서는 전략적으로 마음을 만들어지고 있는 것으로 보자고 하였다. 마음을 어떻게 보느냐에 따라 마음을 대하는 방식은 분명 달라진다. 그런데 마음만 그런 방식으로 대하는 것은 아니다. 같은 방식으로 우리는 우리의 삶과 우리가 살고 있는 세상을 다르게 바라볼 수 있다. 보고 아는 것이 달라지면 우리의 삶도 달라질 수 있다.

마음과 우리가 살고 있는 세상을 다르게 볼 수 있으면 이제 앞으로 살아야 할 시간들을 다르게 바라보자. 즉 미래를 보는 방식을 바꾸어 보자는 것이다. 보는 방식을 바꾸어 자신의 마음과 현재를 보았다면 같은 방식으로 미래를 볼 수 있다. 미래는 앞으로 우리가 살아야 할 시간이다. 어떻게 보느냐에 따라 미래는 달라진다.

화가 날 때,
무언가 하고 싶을 때,
심심하고 슬프고 잠이 안 올 때,
기쁠 때, 즐거울 때, 행복할 때,
우리의 마음 상태는 스스로 만들 때도 있지만
만들어지는 경우가 더 많다.
하지만 만들어지거나 일어나는 마음을 만들어지고 있다고
사실적으로 알면 아는 자체만으로 영향이 크게 줄 수도 있다.

제6장

마음과 삶을 변화시키는
실천 원리

마음의 상태는 대상을
어떻게 알고 있느냐에 따라 달라진다

만약 우리가 맛있게 김치찌개를 먹고 있는데 절반쯤 먹었을 때 누군가 찌개 속에서 커다란 바퀴벌레를 발견했다고 하자. 그 바퀴벌레를 본 순간 이제까지 맛있게 느껴졌던 김치찌개가 한순간 혐오스러운 음식으로 변해 버린다. 그 마음이 변하는 데는 오랜 시간이 걸리지 않았다. 바퀴벌레를 본 그 순간이다. 즉 대상에 대한 인식이 마음의 상태에 결정적 영향을 미쳤기 때문이다.

또 다른 예를 들어 보자. 한 젊은 여인이 친한 친구로부터 전화를 받았다. 친구는 그 젊은 여인의 남편이 다른 여인과 다정히 팔짱을 끼고 호텔에서 나오더라는 내용과 함께 남편 관리를 잘하라는 충고까지 하였다. 그 순간 여인은 하늘이 무너지는 심정이었고 그 순간부터 정신적으로 또 육체적으로 극도로 괴롭고 혼란스러운 상황에 빠져들었다. 사랑하는 남편이 자신을 배신하였다는 사실에 괴로움은 끝날 줄 몰랐고 남편이 돌아왔을 때 너무나 속이 상해 이불을 덮어쓰고 울기만 했다. 다음 날 남편은 영문도 모른 채 출근해 버렸고 참다못한 그 젊은 여인은 친정에 전화를 했다. 여동생이 전화를 받았는데 인사와 함께 어제 형부를 만나 맛있는 것 사 달라고 해서 호텔에서 점심을 먹었다는 말을 했다. 그 말을 듣는 순간 친구가 보았다는 그 젊은 여자는 결국 자신의 여동생이었음을 알게 되었고 그간의 상황이 순식간에 이해되었다. 동시에 극심한 고통도 순간적으로 녹아 버렸고, 오히려 남편에 대한 미안한 마음까지 생겨나게 되었다. (이무석 박사의 '30년만의 휴식'에서 내용 인용)

이 상황에서도 마찬가지로 그 젊은 부인이 괴롭게 되거나 또 그 괴로움에서 벗어나게 될 때 걸린 시간은 순간이었다. 대상이나 상황을 어떻게 인식하느냐에 마음이 달린 것이지 괴롭거나 괴롭지 않게 하기 위하여 마음에 물리적 노력이 가해진 것은 결코 아니다. 이렇게 마음은 대상을 어떻게 인지하느냐에 따라 그 상태가 결정되기 때문에 마음이 괴롭지 않으려면 그 대상에 대한 사실적 이해가 대단히 중요하다. 그래서 실질적으로 마음을 변화시키기 위해서는 보고 아는 것에 더 비중을 두어야 한다. 많은 사람들이 마음을 바꾸려 해도 어떤 변화

를 체험하지 못하거나 힘들어하는 근본적 이유는 마음을 다스리려 했
기 때문이다. 마음의 상태는 만들어지는 것이라는 것을 잘 이해했다
면 쉬웠을 텐데 괜히 용을 쓴 것이다. 때론 마음을 훈련시킬 필요가 있
다. 아무리 마음을 알고 이해하는 것이라고 하지만 마음이 그렇다는
것을 보고 알려면 보는 힘도 필요하고 아는 힘도 필요한데 그때 힘을
키우는 연습이 필요한 것이다.

| 차 한 잔의 변화 |

• 평소 생각이 바뀔 때는 어떤 경우였을까요?

이끌어 가는 삶을 위해서는 먼저 마음을 잘 다룰 줄 알아야 한다는 것을 여러 번 강조해 왔다. 우리는 평소 우리의 마음을 잘 다루지 못해 마음의 장난에 자주 놀아난다. 더 이상 그런 마음의 장난에 놀아나지 않고 원하는 변화와 실천을 이끌어 내려면 마음을 다루지 못하고서는 안 된다. 마음의 문제는 전문가나 수행자, 의사들만 알 수 있다는 편견을 버리자. 우리에게 필요한 것만 알면 된다. 우리에게 필요한 것을 아는 데는 다행히도 전문 지식이 필요 없다. 그냥 보편적이고 상식적인 수준으로 알 수 있다. 모르고 살 뿐이었지 알기 힘든 것은 절대로 아니다. 보고 아는 방식을 바꾸면 누구나 다 아는 내용이다.

간혹 어떤 일을 열심히 하다가 우연히 일을 더 쉽게 할 수 있는 요령을 터득할 때가 있다. 다른 사람들은 이미 알고 있는 내용일 수도 있다. 그것을 터득하는 데 비록 시간이 걸렸지만 만약 누군가 정보를 알려 주었다면 더 빨리 알 수도 있었다. 마음을 아는 것 또한 마찬가지이다. 여기서 구체적으로 마음을 안다는 것은 마음 그 자체를 아는 것이 아니다. 앞에서 설명하였듯이 전략적으로 마음이나 마음의 상태를 만들어지고 있다고 보고, 마음을 다루는 방법을 아는 것이다. 그리고 할 수 있다면 이를 통해 기초적이나마 마음에 대한 이해를 넓혀 볼 수 있다.

자! 이제 보고 아는 방식을 바꾸어 어떻게 마음을 다루어 나가는지 그 원리와 과정을 한번 살펴보자. 앞에서 이미 간단히 설명한 내용들이다. 보고 아는 방식을 바꾸는 것이기에 가능하다면 이 책을 읽어 가면서 마음에 대한 이해를 넓힐 수 있도록 다시 정리하고 부연 설명을 추가한 것이다. 앞에서 읽었던 전체적인 내용들이 이제 서로 연결되어 이해될 것이다. 편의상 마음을 사실적으로 알고 긍정적 변화를 이끌어 내는 과정을 일곱 단계로 구분하였다. 직감력이 뛰어난 사람은 한 번에 다 아는 내용이지만 처음 생각해 보는 사람들에게는 헷갈릴 수도 있다. 마음과 삶을 변화시키는 실천 원리를 정리해 보면 다음과 같다.

첫째, 일어나는 마음, 일으키는 마음 구별하기
둘째, 일어나는 마음, 일으키는 마음 색깔 알기
셋째, 일어나는 마음, 일으키는 마음 특성 알기

넷째, 부정적인 마음 무시하기

다섯째, 유익한 마음 일으키기

여섯째, 삶을 통찰하기

일곱째, 이끌어 가는 삶

일어나는 마음, 일으키는 마음 구별하기

마음과 삶을 변화시키는 실천 원리 중 첫 번째는 일어나는 마음, 일으키는 마음 구별하기다. 앞에서 간단히 소개하여 아는 내용이지만 더 확실히 이해하는 기회가 되었으면 한다.

마음의 작용 중 일어나는 마음과 일으키는 마음이 있다고 했다. 화가 날 때, 무언가 하고 싶을 때, 심심하고 슬프고 답답하고 잠이 안올 때, 기쁠 때, 즐거울 때, 행복할 때 등 우리의 마음 상태는 스스로 만들 때도 있지만 만들어지는 경우가 더 많다. 기쁜 일이 있으면 기뻐하고 슬픈 일이 있으면 또한 우리는 슬퍼한다. 우리 스스로 그렇게 하는 것 같은데 알고 보면 원인과 조건에 의해 그렇게 만들어지는 경우가 대부분이다. 만들어지는 마음, 일어나는 마음을 평소 우리는 다 우리가 만들고 일으키는 것으로 착각한다. 그래서 그 영향이 더 클 수밖에 없다. 하지만 만들어지거나 일어나는 마음을 만들어지고 있다고 사실적으로 알면 아는 자체만으로 영향이 크게 줄 수도 있다.

알고 보면 평소 우리의 마음은 대부분 만들어지는 마음들인데 그렇게 만들어지는 마음은 7할 이상이 부정적인 것들이다. 유익한 변화를 성취하려면 부정적 마음들에 반응하는 것을 줄여 나가야 하는데 그렇게 되려면 먼저 일어나는 마음, 일으키는 마음을 구별해야 한다. 이렇게 구별하는 이유는 일어나고 있는 부정적 마음들을 나 자신과 분리하기 위해서다. 내가 일으킨 것이 아니라면 내 것이라 할 수 없다. 나와 분리시켜 거리를 두면 둘수록 그것들로부터 덜 영향을 받게 된다. 거리를 두고 다시 통찰을 통해 흘려버리면 부정적 마음들로부터 자신을 지킬 수 있다.

| 차 한 잔의 변화 |

- 평소의 마음 상태 등을 생각해 보고, 일어나는 마음, 일으키는 마음, 두 마음 상태로 구별해서 비교해 보세요.

두 번째 실천 원리로 일어나는 마음, 일으키는 마음 색깔 알기가 있다. 일어나는 마음이라고 해서 전부 부정적인 것들만 있는 것은 아니다. 그중에는 필요한 것도 있고 또 필요하지 않은 것도 있다. 필요한 것은 잘 활용하고 필요하지 않은 것들은 거리를 두고 흘려버려야 한다. 그러려면 어떤 것이 필요하고 어떤 것이 필요하지 않은지를 구분할 필요가 있다.

일어나는 마음과 일으키는 마음에는 그 나름대로의 색깔이 있다. 물감과 같은 색깔이 아니라 그 반응이 다르다는 것이다. 일어나는 마음에는 세 가지 색깔이 있다. 긍정적인 색깔, 부정적인 색깔, 긍정적이지도 부정적이지도 않은 색깔이다. 혹은 즐거운 것, 괴로운 것, 즐겁지도 괴롭지도 않은 것으로 나누기도 한다. 일어나는 마음이라고 해서 전부 부정적인 것만은 아니다. 즐겁고 편안하고 창조적인 생각 등은 긍정적인 것에 해당한다. 일어나는 마음에는 다시 그 마음에 대한 반응이 따르는데 긍정적이고 즐거운 것에는 즐거운 반응을 하게 되고 부정적이고 괴로운 마음에는 괴로운 반응을 하게 될 것이다. 우리가 지금 성취하고자 하는 내용 중의 하나가 바로 이렇게 부정적으로 일어나는 마음에 반응하지 않는 것이다. 부정적 반응이 일어나지 않으면 보다 쉽게 괴롭지 않고 유익한 마음 상태가 만들어질 수 있기 때문이다.

일으키는 마음에도 세 가지 색깔이 있다. 유익한 것, 해로운 것, 유익하지도 해롭지도 않은 것이다. 일으키는 마음이라 해서 전부 좋은 마음만 있는 것은 아니다. 물건을 훔치고 남을 속이겠다는 나쁜 마음도 일으킬 수 있다. 일어나는 마음에 비해 일으키는 마음은 우리의 의지가 강하게 들어가 있다. 그래서 전적으로 일으킨 마음에 대한 결과는 바로 우리 자신에게 있다 할 수 있다. 유익한 마음을 일으키게 되면 결과적으로 유익한 마음 상태나 결과를 만들 것이고 해로운 마음을 일으키게 되면 해로운 마음 상태나 결과를 만들 것인데, 결국 스스로 짓고 스스로 받는 것이라 할 수 있다.

유익하다 해롭다의 기준은 우리가 다 가지고 있는 집착, 분노, 무지가 결과적으로 늘어나느냐 줄어드느냐로 결정한다. 결과적으로 집착, 분노, 무지가 커지면 해로운 것이고 그 반대면 유익한 것이다. 일으켜야 할 대표적 유익한 마음들에는 사랑의 마음, 연민의 마음, 기쁨의 마음, 평온의 마음, 믿음의 마음, 지혜의 마음, 자신감, 열정, 노력 등이 있다. 마음의 상태를 잘 알아 부정적으로 일어나는 마음에 영향 받지 않도록 하고 그러면서 유익한 마음을 일으키는 요령을 터득하면 유익한 변화의 성취가 좀 더 구체화된다.

| 차 한 잔의 변화 |

• 지금 마음 상태의 색깔은?

일어나는 마음인지 일으키는 마음인지 구별하고 그것의 색깔까지 알았다면 일단 그 마음에 거리를 둘 수 있다. 그러나 거리를 두었다고 다 끝나는 것은 아니다. 그것을 바로 흘려버려야 한다. 흘려버리려면 통찰을 실천해야 하는데 통찰을 실천하려면 그 대상의 특성, 여기서는 마음의 특성을 잘 알아야 한다. 마음의 특성이라 해서 그리 거창한 것은 아니다. 이것도 우리가 쉽게 알 수 있는 내용들이며 지극히 사실적인 내용들이다.

일어나는 마음이나 일으키는 마음은 공통적으로 크게 두 가지 사실적 특성을 가지고 있다. 첫째, 영원하지 않다는 것이다. 일어난 것이든 일으킨 것이든 사실은 그때뿐이다. 그런데 우리는 습관적으로 일어난 마음이나 일으킨 마음이 마치 계속 있을 것처럼 반응한다. 괴로운 마음은 빨리 사라지기를 바라고 즐거운 마음은 오래 지속되기를 바라는데 그렇게 바라지 않아도 모두 곧 사라진다. 간혹 일어난 마음이 계속 있어야 된다고 착각하고 그 마음이 사라져 버렸을 때 커다란 상처를 받는 경우도 있다. 우리가 흔히 하는 사랑이 바로 그것이다. 평소 우리는 만족스러운 상황이 되었을 때 행복감을 느낀다. 그러나 그러한 행복감마저도 그 순간뿐 얼마 후 새로운 마음 상태가 그 순간으로 대체된다. 우리가 지속적으로 행복해하지 못하는 이유도 바로 마음의 상태가 영원하지 않기 때문이다. 영원하지 않기 때문에 무상(無常)하다고 말한다.

마음의 사실적 특성 두 번째로는 일어난 마음과 일으킨 마음에는 본래의 고유한 실체가 없다는 것이다. 어떤 조건과 원인 혹은 의도에 의해 일어났기 때문에 본래부터 있던 것은 아니었다. 일어났다 해도 조건과 상황이 변하면 이내 사라진다. 이것은 박수 소리와도 같은데 두 손이 만나면 부딪치는 소리가 난다. 그런데 그 손뼉 치는 소리는 두 손이 만날 때만 존재하는 것이지 손이 만나지 않으면 존재할 수 없다. 박수 소리는 조건적·일시적으로 존재하며 본래의 고유한 실체가 없다고 한다. 그래서 박수 소리처럼 일어난 마음이나 일으킨 마음도 조건적·일시적으로 존재하며 본래의 고유한 실체가 따로 없다고 하는 것이다. 조건적으로 생겨난다는 것을 전문용어로 연기법(緣起法)이라 한다. 그리고 고유한 실체가 없다는 것을 무아(無我) 혹은 공(空)이라 한다.

일어난 마음과 일으킨 마음의 특성을 잘 인지하고 있으면 그 마음 상태에 대한 반응이 달라진다. 일어난 마음을 일어난 마음이라 알고, 일으킨 마음을 일으킨 마음이라 알며, 그것이 긍정적인 것인지 부정적인 것인지 혹은 유익한 것인지 해로운 것인지를 알며, 여기에 그 마음들이 영원하지 않고 조건적·일시적으로 존재하는 것이라는 사실까지 같이 알고 있으면, 그 순간 마음의 상태는 달라진다. 이것이 바로 마음과 삶을 변화시키는 것의 핵심인 통찰의 원리이다.

| 차 한 잔의 변화 |

• 이 세상에 두 가지 특성에 해당되지 않는 것이 있다면 무엇이 있을까요?

 # 부정적인 마음 무시하기

우리는 평소 영화를 즐긴다. 그런데 영화는 만들어진 것이다. 그 자체가 이미 실제가 아닌 꾸며진 것이다. 각본에 따라 행해진 배우들의 연기, 세트장의 조형물, 특수 효과 등이 어우러진 하나의 허구다. 가끔 스토리는 실재하는 것일 수도 있다. 그러나 대부분의 영화는 흥미와 의미를 제공하기 위해 만들어진 픽션이다. 그런데 그 영화의 내용이 허구라고 해서 돈을 내고 영화를 보러간 사람들이 불평불만하지 않는다. 오히려 허구이기 때문에 현실에서 체험할 수 없는 재미를 체험하고 싶어 영화관을 찾는다.

영화뿐만 아니라 텔레비전의 연속극이나 우리가 즐겨 읽는 소설 또한 마찬가지이다. 이것들은 대부분 만들어졌다는 공통점이 있는데 그것들이 만들어진 것이니까 볼 필요가 없다고 말하지는 않는다. 단지 즐길 뿐이다.

영화나 드라마의 주인공이 죽었다고 우리는 크게 슬퍼하지 않는다. 왜냐하면 영화 속에서 일어난 일이기 때문이다. 그 주인공의 죽음을 직접적으로 자신의 일이라 연결 짓지 않는다.

통찰이라는 안경을 쓰면 세상이 마치 영화처럼 보인다. 영화처럼 본다고 해서 모든 것에 대한 의미를 버리지는 않는다. 우리가 돈을 주면서까지 영화를 보러 가듯 주어진 삶을 재미있게 즐길 줄 알면 된다. 가장 큰 재미는 벌어지고 있는 현상에 크게 영향 받지 않는다는 것이다. 왜냐하면 영화인 줄 알고 보기 때문이다. 영화는 구경만 하는 것은 아니다. 때론 영화의 연출자가 되고 연기자가 되어 그 영화가 좋은 작품이 될 수 있도록 함께 만들어 가기도 한다.

꿈속에서 꿈을 꾸고 있을 때는 그것을 현실처럼 생각한다. 무서워하기도 하고 걱정하기도 하며 때론 초능력을 보이기도 한다. 그러나 꿈을 깨면 꿈이라는 사실을 알고 안도한다. 그리고 그 내용에 대해 더 이상 신경 쓰지 않는다. 그냥 꿈일 뿐이다.

부정적인 마음 무시하기는 이처럼 영화를 영화로 보듯 꿈을 꿈이라 알 듯 부정적인 우리의 마음 상태를 정신 차려 대하는 것이다. 부정적인 마음 상태가 만들어져서 일어난 것이며 조건적으로, 일시적으로 존재하는 것임을 직감적으로 잘 알면서 그 대상을 대하면 된다.

| 차 한 잔의 변화 |

• 영화나 텔레비전을 보면서 그 내용에 빠져들지 않으려 한 적이 있었나요?

• 만약 지금 다시 전설의 고향을 시청한다면 어떤 반응일까요?

• 강한 충동이 일어났을 때 보통은 어떻게 대처하나요?

• 이제 정신 차리고 있어 봅시다.

유익한 변화와 성공을 위해서는 일어나지 말아야 할 마음, 부정적 마음에 반응하지 않도록 하는 것이 우선시되어야 한다. 그런데 그렇게 하는 것만으로 변화가 이루어지는 것은 아니다. 동시에 유익한 마음 일으키기를 실천해야 한다. 앞에서 편하다고 행복한 것은 아니라고 했다. 무언가 유익한 내용으로 마음이 채워져 있어야 행복하다고 했다. 부정적 마음의 방해가 없으면 보다 쉽게 필요한 마음을 일으켜 실질적 변화를 이끌어 낼 수 있다.

왕의 스승 역할을 하는 한 수행자가 있었다. 그 수행자에게는 많은 제자들이 있었는데 그중의 한 제자가 어느 날 스승에게 "스승님, 저에게 딸린 식구가 여럿인데 지금 굶어 죽게 생겼으니 왕한테 잘 이야기해서 일자리 하나만 얻어 주십시오"라고 부탁을 했다. 스승은 일언지하에 거절했다. 제자는 낙담하며 집으로 돌아왔는데 집에 와서는 화가 나서 도저히 잠을 잘 수가 없었다. 다음 날 제자가 스승한테 가서 또 이야기하기를 "아니 평소에 늘 자비를 이야기하시던 분이 왜 일자리 하나 부탁하는데 거절하십니까? 스승님께서는 항상 '어려움에 처한 사람은 구해 주고 불쌍한 사람은 자비로운 마음으로 대해라. 사랑의 손길을 뻗쳐라. 이것이 바로 진리이다'라고 가르치지 않았습니까?" 하니 스승이 "그래도 너는 못 도와준다"라고 말하였다. 제자는 그 자리 에서 벌컥 화를 내게 된다. 그때 스승은 "자네는 무엇을 해도 어렵게 살 수밖에 없는데 왜 자네가 지금 이렇게 어렵게 살고 있는지 아무리 말로 해 봐야 못 알아들으니 내가 자네에게 직접 보여 주겠네" 하고는 몇 날 몇 시에 어디로 나오라고 일러주었다.

스승이 말한 장소는 제자가 살고 있는 동네였다. 동네에는 강이 흐 르고 있고 거기에 다리가 하나 놓여 있었는데 제자를 이 다리 한편으 로 나오라고 한 것이다. 스승은 동네 사람들을 불러 모아 그 반대편 에서 구경하도록 하면서 또 다른 제자를 시켜 금덩어리를 먼지를 묻 혀 다리 한가운데에 놓아두도록 하였다.

그러고는 "이제 다리를 건너와라" 하고 소리쳤다. 이쪽 편에서 그 사 정을 보고 있던 동네 사람들은 '이제 저 사람이 저 금덩어리를 줍게 되 면 부자가 되겠구나' 하고 생각했다. 그런데 제자는 황금 덩어리를 줍지 않고 아무런 생각 없이 그냥 건너왔다. 동네 사람들이 황당해하면서 "이보게, 다리를 건너오면서 아무것도 못 보았나?" 하고 물으니 제자는 아무것도 못 보았다고 하였다. 동네 사람들이 "다리 중간에 당신의 스승님이 자네를 위해 금덩어리를 놓아두었는데 그걸 진짜 못 보았느냐"고 재차 물어보자 제자는 "나는 이 다리를 하도 많이 지나다녀 별 생각 없이 딴생각 하며 걸었지요"라고 했다.

스승이 말하기를 "복이 눈앞에 있어도 자기 생각이나 고정관념, 어리석음에 빠져 있는 사람들은 새로운 사실을 발견하지 못해 자기 것으로 하지 못한다. 복은 항상 우리 곁에 있지만 그것을 발견하지 못해 실패를 면치 못하는 것이다. 또 세상은 한순간도 같은 순간이 없이 끊임없이 변해 가는데 고정된 시각으로 세상을 보고 판단한다면, 변화하고 있는 것을 정신 차려 알지 못한다면 발전 또한 기대할 수 없고 궁핍도 면할 수 없을 것이다"라고 제자들에게 가르쳐 주었다.

그냥 평소의 일어나는 마음 상태로 살아가게 되면 자신의 문제가 무엇인지 모르고 자신의 문제가 무엇인지 모른다면 변화의 가능성은 분명히 미약할 것이다. 일어나는 마음이 아닌 일으키는 마음 상태, 특히 정신 차려 깨어 있거나 긍정적이고 적극적인 마음 상태를 일으키며 살 때 스스로의 힘으로 성공적인 변화를 성취할 수 있다는 것이 요지이다.

인간의 마음은 단순하여 동시에 긍정적인 마음과 부정적인 마음을 유지하지 못한다. 반드시 둘 중 하나다. 또 일어나는 마음과 일으키는 마음이 동시에 있지도 않다. 마치 동시에 있는 것 같아도 일어나고 일으키고 또 일어나고 일으키고 하면서 짧지만 시간 차이를 둔다.

강하게 유익한 마음을 지속적으로 일으키고 있으면 그 순간에는 일어나는 마음이 일어날 수가 없다. 오직 일으키는 마음만 존재한다. 마음은 한순간 하나의 작용만 하기 때문이다. 이 부분은 마음의 성질을 언급할 때 자세히 설명했다. 부정적으로 일어나는 마음이 작용하지 않도록 하려면 일단 그 마음들을 무시하고 지속적으로 유익한 마음을 일으켜야 하는데 일으켜야 하는 유익한 마음들은 앞에서 언급했듯이 사랑, 연민, 기쁨, 평온, 지혜, 믿음, 자신감 등이다.

인기 있는 명상 기법 중에 사랑의 마음 주기가 있는데 대표적인 유익한 마음 일으키기에 해당한다. 절이나 교회, 성당에서 남을 위해 기도하는 것도 유익한 마음을 일으키는 것에 해당한다. 유익한 마음 일으키기는 시간을 정해 놓고 하는 것이 아니라 순간순간 상황을 이용해 항상 할 수 있는 테크닉이다. 유익한 마음 일으키기가 습관이 되고 더

강한 힘이 생성되면 자신감과 평온함 등이 자연스럽게 배어 나오고 삶
이 더한층 즐거워진다.

| 차 한 잔의 변화 |

• 유익하다고 생각하는 마음 한 가지를 30초간 일으켜 보세오.

부정적으로 일어나는 마음을 흘려버리고 그러면서 유익한 마음을 일으키며 살면 반드시 긍정적인 삶의 변화가 일어난다. 그러나 지속적으로 유익한 마음을 이끌어 갈 수 있는 정신적인 힘과 열의가 부족하면 긍정적 변화가 일어났다 하더라도 일시적이거나 변화의 내용이 미약할 수 있다. 방법은 아는데 계속해서 실천이 되지 않는 이유는 변화에 필요한 힘들, 즉 자각력, 집중력, 정신력, 통찰력, 믿음 등이 충분히 계발되지 않아서이다. 앞에서 스스로 자신감 만들기를 설명하면서 이미 이 내용들은 설명하였다. 통찰을 습관화하면서 혹은 사랑의 마음 주기나 생활 속의 유익한 도구를 활용해 우리는 이러한 힘들을 계발시켜 나갈 수 있다.

변화에 필요한 힘들이 계발되고 잘 갖추어지면 자동으로 변화는 일어난다. 그런데 변화에 필요한 많은 요소들 중에서 사실적으로 보고 아는 통찰이 가장 근본적으로 작용한다. 나머지 요소들은 통찰이 잘 이루어지게 도와주는 역할을 할 뿐이다.

　삶을 바꾸기 위해 초기에는 마음을 통찰한다. 마음을 바꾸기 위해서다. 마음이 바뀌면 삶이 바뀌는데 마음만 바꾸었다 해서 삶이 바뀌는 것은 아니다. 통찰의 대상을 마음에서 삶으로 확대시켜야 한다. 삶을 통찰해야만 세상의 변화를 파악할 수 있고 또 가는 길과 목적지를 알 수 있다. 우리는 현실적 삶을 떠날 수 없다. 그래서 지금 여기서 괴롭지 않아야 하고 또 지금 여기서 잘 살아야 한다. 마음을 통찰하는 것과 같은 원리로 삶도 통찰하게 된다. 그리고 그만큼 또 알게 될 것이다. 알면 아는 만큼 자신감이 생기고 또 변화가 이루어질 것이다.

| 차 한 잔의 변화 |

• 마음에 적용되었던 특성을 삶의 모든 상황에 적용해 보세요.

이제까지 마음과 삶을 변화시키는 여섯 가지 실천 원리를 살펴보았다. 이러한 원리를 토대로 마음과 삶을 통찰하고 또 실질적인 변화를 체험할 것이다. 변화를 위한 노력은 생활 전반에서 실천되어야 한다. 그렇게 되면 앞에서 말한 자각력, 집중력, 정신력, 통찰력, 믿음 등의 정신적 힘들이 일상생활을 하면서 계발되고 또 이렇게 계발된 힘들을 통해 자신감도 강해지고 변화의 내용도 늘어나게 된다. 보고 아는 만큼 자신에 대한 생각, 세상에 대한 생각, 삶에 대한 생각, 존재에 대한 생각 등은 지속적으로 변화할 것이다. 변화의 내용은 각자 다르겠지만 이런 생각의 변화는 가치관이나 삶의 목적에 바로 영향을 준다. 아마도 이 단계가 되면 분명 더 올바르고 의미 있는 삶의 목적을 반드시 생각하게 될 것이다.

보다 올바르고 의미 있는 삶의 목적을 생각하게 되면 그 목적을 성취하기 위한 올바른 노력이 우러나온다. 억지로 힘들게 하는 것이 아니라 열정과 확신을 가지고 그 노력을 즐길 것이다. 노력하기에 앞서 새로운 삶의 목적을 가졌다는 것 자체에 큰 기쁨을 만끽한다. 목적을 가졌다는 것을, 또 그 목적을 향해 노력해 가는 길 자체를 행복으로 여긴다.

마음과 삶을 변화시키는 실천 원리를 시도하기 전에는 어찌 보면 이끌리는 삶을 살았다고 할 수 있다. 의미와 가치를 향해 가는 삶이 아니라 일어난 느낌이나 생각, 충동에 이끌린 단순한 삶의 길이었다. 일어난 마음과 일으킨 마음을 구별하지 못하면 자칫 자신의 삶이 아닌 실체가 없는 허상, 우상의 노예로 생을 마감할 수도 있다. 그러나 일어난 마음, 일으킨 마음을 구별하고 그 마음들이 영원하지 않고 고유한 실체가 없다는 사실을 잘 알면 더 이상 그들의 페인트 모션에 속지 않을 것이다. 그리고 자신이 가야 할 길을 잘 알고 기쁘고 행복하게 그 길을 만들어 갈 것이다. 이러한 과정이 결국 마음과 삶을 통찰하는 클리어 마인드 & 클리어 라이프 전략의 목적이다.

몇 년 전인가 보다. 텔레비전의 한 오락 프로그램에서 멀미에 대한 집중 탐구가 있었다. 연예인들이 출연해 갖가지 멀미하는 상황을 연출하여 어떤 상황에서 멀미를 하게 되는지와 우리가 멀미에 대해 알고 있는 여러 속설이 맞는지 맞지 않는지에 대해서도 실험을 통해 확인하였다. 밖이 보이지 않는 승합차를 타기도 하고 석유통의 뚜껑을 열어 석유 냄새를 진동시키기도 하고 급회전을 반복적으로 하여 정신없게 만들어 보기도 하였다. 참가한 연예인들이 갖가지 반응을 보였지만 크게 멀미를 하는 사람은 없었다. 물론 개인적으로 약간의 차이는 있었다. 그래서 제작진은 아예 멀미를 발생시키는 실험 장치를 만들어 출연자들이 멀미를 하도록 유도했다. 먼저 상하로 움직이는 기계에 사람들을 앉아 있도록 하였다. 별 반응이 없었다. 다음으로 좌우로 움직이도록 기계를 작동시켰지만 마찬가지로 별 반응이 없었다. 마지막 상하로 움직이며 동시에 좌우로 움직이도록 기계를 작동시키자 1

분도 안 되어 전 출연자들이 멀미를 호소하기 시작하였다.

이 프로그램을 보신 분들은 기억을 하실는지 모르겠다. 우리가 멀미를 하게 되는 것은 귓속에 있는 달팽이관과 밀접한 연관이 있다는 것이다. 귓속 달팽이관은 우리의 평형감각을 주로 관장하는데 기울기, 속도, 방향 등의 자극을 받아 뇌 속으로 전달하는 역할을 한다. 그런데 이때 달팽이관이 신호를 받아들여 뇌로 정보를 보내 주는데 뇌에서 그 정보를 처리하는 중에 미처 준비하지 못한 상황에서 다음 정보나 신호가 들어오게 되면 뇌에서 혼란을 일으키게 된다. 이러한 증상이 바깥으로 표현되는 것이 바로 멀미라는 것이다. 멀미를 예방하거나 막는 방법에도 또한 여러 가지가 있겠지만 달팽이관에서 뇌로 전해지는 신호를 약화시키는 방법이 주로 활용되고 있다. 이러한 원리를 이용하여 귀밑에 붙이는 약이나 먹는 약 등이 개발되었다. 한 가지 분명한 사실은 차나 배를 직접 운전하는 사람 혹은 앞좌석에 앉아 있는 사람들은 멀미를 안 한다는 것이다. 그 이유는 몸이 기울어질 때를 순간적으로 먼저 알아 미리 반응에 대처하기 때문이다. 그래서 뇌 속에서 신호의 충돌이 생기지 않는다는 것이다. 미리 알고 능동적으로 대처하게 되면 절대로 멀미를 하지 않는다고 한다.

군대 생활을 하고 있는 병사나 타의에 의해 교육 받고 있는 사람들의 중요한 특징 중 하나가 지루해한다거나 쉽게 피곤해한다는 것이다. 경험자들은 그 기분을 알 것인데 이 역시 멀미를 느끼는 상황과 마찬가지로 자신이 주도적으로 삶을 끌어가는 것이 아니고 끌려다니며 시키는 대로 해야 하는 상황이므로 정신적인 충돌을 느끼는 것이다. 분명 하고 싶은 것은 있지만 마음대로 하지 못하고 의무적으로 끌려가다 보니 자연스럽게 생기는 전형적인 삶의 멀미인 것이다. 더 나아가 인생살이에서도 마찬가지이다. '삶이 힘들다'라고 느끼며 사는 사람들이 많은데 주도적으로 삶을 이끌어 가는 입장이 아니라 밀려가거나 끌려가는 입장에 있는 사람들이 대부분이다. 아니면 원하는 바대로 하지 못하고 좌절과 굴복을 체험한 사람이기도 하다.

인생의 멀미에도 크게 두 가지 처방이 있는 듯하다. 하나는 살며 느끼는 괴로움의 강도를 약화시키는 것이고 또 하나는 주도적으로 삶을 이끌어 가도록 삶의 자세나 정신을 바꿔 버리는 방법이다. 마음과 삶을 변화시키는 실천 원리 속에는 이 두 가지 방법이 다 포함되어 있다. 결국 인생 멀미의 특효약인 셈이다.

| 차 한 잔의 변화 |

• 삶을 이끌어 간다는 것은 어떤 것일까요? 한번 정리해서 생각해 봅시다.

- 마음을 이해의 대상으로 알아라.

- 마음의 상태는 대상을 어떻게 알고 있느냐에 따라 달라진다.

- 대상을 아는 방식을 바꾸면 마음도 달라진다.

- 마음과 삶을 변화시키는 실천 원리

  첫째, 일어나는 마음, 일으키는 마음 구별하기

  둘째, 일어나는 마음, 일으키는 마음 색깔 알기

  셋째, 일어나는 마음, 일으키는 마음 특성 알기

  넷째, 부정적인 마음 무시하기

  다섯째, 유익한 마음 일으키기

  여섯째, 삶을 통찰하기

  일곱째, 이끌어 가는 삶

'나'를 보는 눈이 달라질 때 인격의 변화가 일어난다.
왜냐하면 나 자신뿐만 아니라 삶과 세상을 보는 눈,
미래를 보는 눈이 다 달라지기 때문이다.
보는 눈이 달라지면 삶의 태도는 자연스럽게 변한다.
그래서 인격의 변화가 일어나는 것이다.

제7장

세상을 통찰하라

책을 읽어 오면서 조금이나마 생각에 변화가 일어났는지 모르겠다. 누구나 다 알 수 있는 상식적인 사실 같지만 그러나 실은 모르고 있었을지도 모르는 그 사실을 깨닫게 하는 것이 의도였다. 거창한 것을 기대한 독자도 있을 것이다. 그러나 실망할 필요는 없다. 우리의 마음은 정말 알다가도 모르는 것이고 또 그 안에 엄청난 비밀이 숨겨져 있기도 하다. 책 한 권 읽는다고 다 되는 것은 아니다. 일단 어렵게 여겼던 마음이라는 것을 관찰할 수 있는 대상으로 만들고 또 그것을 스스로 사실대로 보려는 과정 속에서 변화의 실마리를 찾거나 계기를 만날 수 있을 것이다. 마음을 알아가는 여정은 퍼내도 마르지 않는 우물과 같다. 자신을 변화시키는 깨침은 한두 번으로 끝나지 않고 통찰을 실천하는 내내 지속된다. 결국 그러한 변화들이 쌓여 인격의 변화, 성공적인 삶의 변화를 이끌어 내는 것이다.

한 가지 다시 한 번 명심할 것이 있다. 통찰의 대상은 자신에게만 국한되는 것이 아니라 우리가 사는 세상 전부가 되어야 한다는 것이다. 자신의 몸과 마음을 통찰하는 것으로 끝나지 말고 우리가 살고 있는 세상 전체를 통찰의 지혜로 바라볼 수 있어야 한다. 아는 만큼 보이고 아는 만큼 변한다는 말을 여러 번 했다. 지금 이 순간 바로 여기에서 삶을 통찰할 줄 아는 사람은 자신의 잠재 능력을 끌어내어 어떻게 유익하게 활용할지를 아는 사람이다. 또 자신의 삶만 이끌어 가는 것이 아니라 다른 사람들의 삶도 유익하게 이끌어 갈 수 있는 안목과 열정, 지혜를 갖추게 된다. 요즘 시대에는 이러한 전반적인 통찰 능력을 갖추어야 다른 사람들의 신뢰를 얻을 수 있다. 조직이나 단체를 이끌어 가기 위해 리더십을 발휘해야 할 사람들이라면 이 부분에 더 많은 관심을 가져야 할 것이다.

붓다가 어느 날 지독한 고행을 하고 있는 한 수행자에게 고행하는 이유를 물었다. 그 고행자는 자신의 스승이 이렇게 고행을 하면 전생에 지은 업이 소멸되고 사후에 좋은 곳에 태어날 수 있다고 가르쳤기 때문에 그 가르침을 따라 지금 열심히 수행하고 있다고 하였다. 그러자 붓다는 다시 그에게 물었다. "이렇게 고행하면 전생의 업이 소멸된다고 하는데 도대체 당신은 전생에 어떠한 업을 지었습니까?" "잘 모르겠습니다." "또 고행할수록 당신의 업이 소멸된다고 하는데 그래서 지금 얼마의 업이 소멸되었고 또 얼마의 업이 남아 있습니까?" "잘 모르겠습니다." "고행을 통해 전생의 업이 어떻게 소멸되는지 압니까?" "잘 모르겠습니다." "고행을 하면 사후에 좋은 곳에 태어난다고 하는데 어떻게 태어나는지 압니까?" "모릅니다." "그렇다면 무엇을 근거로 이런 수행을 하고 있습니까?" "우리 스승님이 그렇게 말씀하셨기 때문입니다."

　이 이야기는 2,500년 전 인도의 한 지방에서 수행과 관련되어 벌어졌던 대화의 내용이다. 어떤 믿음에 완전히 사로잡혀 있다면 그 사람에게는 오히려 우리가 딱해 보일 수도 있지만 상식적인 사고를 하는 사람이라면 그런 삶의 방식이 분명 어리석게 보일 것이다. 그런데 이 이야기 속의 상황은 현재도 진행되고 있다. 변화와 성공을 원한다고 하면서 어떻게 해야 하는지, 어디쯤 와 있는지, 앞으로 어떻게 될 것인지도 모르면서 언젠가는 무엇이 되겠지 하는 막연한 희망을 가지고 사는 것이다. 오직 되고 싶은 간절한 믿음과 소망만이 있고 어떤 원리에 의해 어떻게 되는 것인지에 대한 지혜는 골치 아픈 문제로 여기거나 몰라도 되는 것으로 간주하는 것이다.

　마음만 먹으면 된다고들 습관적으로 말하지만 어디 마음만 먹는다고 되는 일이 있는지 냉철히 현실을 직시해 보자. 공부하지 않으면서 공부 잘하기를 간절히 생각만 한다고 해서 되겠는가. 씨도 뿌리지 않고 많은 수확이 생기기를 바라기만 한다고 해서 그렇게 되는 일은 절대로 없다. 지난 시절 교육 수준이 낮았을 때는 세상일들이 보이지 않는 어떤 힘에 의해 생겨났거나 영향을 받았다고 생각할 수 있었다. 하지만 지금은 그것들이 어떤 원인과 조건에 의해 생겨난 것인지를 대체로 알게 되었다. 마음을 알고 자신을 이해해 가는 일도 마찬가지다.

　마음의 작용은 그냥 일어나는 것이 아니라 어떤 조건과 원인이 작용하여 일어난다는 것을 확실히 알게 되었다. 이렇게 보면 변화와 성공의 원리도 당연히 상식적이며 논리적이고 과학적이어야 한다. 세상의 다른 일처럼 목적이나 방법, 원리, 진행 단계, 체험되는 현상, 장애 요소 등을 분명히 알아야 하고 그렇게 할 때 실패하지 않고 변화에 성공할 수 있다. 잘 되면 잘 되게 하는 원인과 조건이 있고 안 되면 안 되게 하는 조건과 원인이 있다. 이것들만 잘 알아도 더 이상 포기와 실패는 없을 것이다.

| 차 한 잔의 변화 |

• 세상에 거저 되는 일은 없습니다. 변화와 성공에도 필요한 요소들이 있겠지요?

1) 7단계 기초 통찰 테크닉

아무리 좋아도 지금 여기서 할 수 없다면 의미가 없다. 자! 이제까지 설명했던 변화의 원리를 실제 상황에 활용해 보는 시간이다. 방법은 간단하지만 원리와 의미를 알아야 하기 때문에 앞에서 장황하게 설명한 것이다. 보고 아는 방식을 바꾸어 마음에 변화를 이끌어 낸다는 사실을 명심하자. 앞에서 대략 설명한 내용인데 이것을 구체적으로 어떻게 실천해야 하는지 살펴보자.

먼저 실제 통찰이 진행되는 과정을 소개할 것이다. 그리고 이러한 과정이 제대로 실천되는 데 필요한 힘을 키우는 테크닉들을 소개할 것이다.

진행 과정을 도식화해 보았는데 실제 진행은 아주 빠르게 순간적으로 그리고 직감적으로 진행된다. 화가 나는 상황을 예로 들어 설명해 보겠다. 화가 났다고 치자. 우선 화가 났다는 상황을 빨리 자각해야 한다. 그리고 그 분노의 상태가 만들어지고 있음을 간파한다. 내가 만들고 있는 것이 아니라 분명히 만들어지고 있음을 알아야 한다. 자신이 만드는 것이라면 더 이상 안 만들면 된다. 그러나 그렇지 않다. 만들어지고 있다는 것을 알아야 자신으로부터 분리시킬 수 있다.

만들어지고 있음을 알면서 다시 그 상황을 통찰한다. 분노의 상태는 부정적인 것이며 또 조건적으로 지금 이 순간 만들어지고 있을 뿐 고유한 실체가 없는 것이라고 통찰한다. 그냥 조건적·일시적 현상임을 잘 알면서 흘려버린다. 흘려버리면서 곧바로 유익한 마음 일으키기를 해야 한다. 마음의 상태는 매 순간 만들어지는데 순간 방심하면 부정적인 상태가 다시 밀려온다. 또 흘려버린다고 다 버려지는 것은 아니다. 그래서 유익한 마음 일으키기를 해야 한다.

아직 남아 있는 분노의 느낌을 자각하고 그 분노의 느낌을 향해 반복적으로 마음속으로 되뇐다. '사랑' '행복' '기쁨' ……. 그냥 주문 외우듯 반복한다. 통찰을 통해 마음 자세가 이미 달라져 있기 때문에 유익한 마음을 일으키기가 훨씬 수월할 것이다. 통찰은 큰불을 끄는 것이고 유익한 마음 일으키기는 잔불을 끄는 것과 같다.

상태가 수그러질 때까지 유익한 마음 일으키기를 한다. 5분 정도면 현격하게 감정이 달라져 있을 것이다. 감정이 원래의 상태대로 돌아왔다면 이제 해야 할 일, 혹은 하던 일을 하면 된다. 화가 나는 상황을 예를 들어 보았는데 각종 부정적 상황뿐만 아니라 좋은 상황이나 일반적 상황에서도 틈나는 대로 시도해 볼 수 있다.

이 과정을 다시 자세한 설명과 함께 살펴보자.

• 1단계 : 자각하기

일단 지금 이 순간 일어나고 있는 현상을 자각하자. 자각을 해야 대상을 알 수 있다. 또 통찰을 하기 위해서는 그 대상을 한정하고 명확히 해야 한다. 자각은 지금 이 순간을 아는 것이고 그리고 통찰의 대상을 분명히 하는 것이다. 자각의 대상은 행위나 자세, 느낌이나 소리, 맛, 냄새, 보이는 것, 마음 상태, 일어나고 있는 생각 등 나와 관련된 모든 것들이다. 초기에는 부정적 마음에 영향을 받지 않기 위해 화가 나거나 피곤한 느낌, 우울하거나 불안한 감정, 각종 감각적 욕망, 덥거나 추운 느낌 등 주로 부정적 상태를 자각하는 데 신경 쓴다.

• 2단계 : 만들어지고 있음을 알기

자각의 내용이나 상태가 만들어지고 있음을 알자. 정신적인 상태든지 물질적인 상태든지 뭐가 되든 그것들은 사실 분명히 만들어지고 있다. 분노나 피곤함, 괴로운 감정들, 각종 욕구들, 또 즐거운 마음 상태, 춥고 배고픈 것, 욕망, 사랑 등이 만들어지고 있음을 안다. 만들어지고 있는 상태나 느낌들과 거리감을 두기 위해서다.

• 3단계 : 통찰하기

만들어지고 있음을 안다면 그 다음, 어떻게 만들어지고 있는지를 알아야 한다. 즉 통찰해야 한다. 조건과 원인에 의해 만들어지고 있음을 아는 것이다. 본래부터 스스로 존재하는 것이 아니라 그 나름 존재하게 된 이유와 원인이 있어 존재하는 것이다. 지금 이 순간 여기 존재하는 모든 것은 반드시 조건과 원인에 의해 생겨난 것이다. 조건과 원인에 의해 생겨났지만 영원히 존재하지 않는다. 잠시 조건이 유지될 때만 일시적으로 존재할 뿐 따로 실체가 없는 것이다. 그러한 사실을 사실대로 잘 알아야 한다. 예를 들어 분노가 일어났다면 그것이 일어난 것이고 부정적인 것이며 조건과 원인에 의해 생겨난 일시적 현상임을 잘 알도록 한다. 나머지도 마찬가지이다.

• 4단계 : 무시하기

지금 통찰하고 있는 내용이나 상태가 조건적으로 생겨나고 일시적으로 존재하며 사실 실체가 따로 없음을 알면서 그 상태를 흘려버린다. 좋아하는 것도 집착이 될 수 있고 미래 괴로움의 원인이 될 수 있다. 그래서 불필요하게 좋아하는 것이나 싫어하는 것 등을 통찰의 방법으로 무시해 버린다.

• 5단계 : 유익한 마음 일으키기

무시해 버린다고 끝나지 않는다. 마음의 상태는 만들어지고 있다. 무시하기를 하지 않는 순간 다시 불필요한 마음 상태가 만들어질 수 있다. 또 무시하려 해도 근절이 되지 않는 경우도 있다. 그래서 유익한 마음 일으키기를 통해 긍정적 마음 상태를 만들어 주어야 한다. 실제 상황에서 이것을 할 때는 주로 마음속으로 '사랑' '행복' '기쁨'이라는 말을 반복한다. 예를 들어 화가 나거나 피곤하다고 하자. 아직 남아 있는 분노의 느낌이나 피곤함을 느끼면서 마음속으로 숨을 내쉴 때마다 '사랑', '행복', '기쁨'을 구령 붙이듯 되뇐다. 남아 있던 부정적 반응들이 현격히 줄어들 것이다.

• 6단계 : 유익하게 일하기

실전 테크닉을 통해 마음이 어느 정도 평온을 찾았다면 이제 하던 일이나 해야 하는 일을 하면 된다. 우리는 평소 부정적 마음에 많은 영향을 받고 있으며 그래서 해야 할 일을 성공적으로 못했다. 그러나 마음을 다루는 실전 테크닉을 통해 스스로 이끌어 갈 수 있기 때문에 그동안 포기했던 마음과 삶의 변화를 성취해 낼 것이다.

• 7단계 : 통찰의 대상 넓혀 가기

처음에는 힘들고 피하고 싶은 것이나 극복하고 싶은 것들을 대상으로 이 테크닉을 사용할 것이다. 그러나 이 기초 통찰 테크닉은 특수한 상황에만 사용할 것이 아니라 점차 일상의 다른 상황으로 확대해야 한다. 나쁜 일이 있을 때만 활용하는 것이 아니라 좋은 일이 있을 때도 활용해야 한다. 그렇게 해야 하는 이유는 세 가지다.

첫째, 좋은 감정을 대상으로 하면 더 하기 쉽고 즐기면서 하게 된다.
둘째, 지속적으로 유익한 정신적 힘들을 계발시켜야 한다. 그래서
　　　수시로 해야 한다.

셋째, 결국 삶의 모든 대상으로 통찰을 넓혀야 한다. 그래야 유익한 삶의 의미나 목표를 알게 된다.

필요할 때만 하려 하면 잘 안 된다. 평상시 기본을 다져 놓아야 한다. 기본적인 힘들이 계발되면 자연스럽게 습관이 된다. 습관이 되면 엘리베이터를 기다리거나 에스컬레이터를 타는 동안, 걷거나 운동하면서, 커피나 음식을 먹으면서, 음악을 들으면서 등 웬만한 일상의 모든 상황에서 실전 테크닉을 활용하게 될 것이다.

2) 기초적인 힘 키우기

통찰의 힘만으로 변화를 이끌어 내기는 힘들다. 통찰이 원활하게 실천되려면 기본적으로 자각력과 집중력, 정신력의 도움을 받아야 한다. 이런 힘들을 키우기 위해서는 평소 사랑의 마음 주기를 자주 실천해야 한다. '자신을 사랑하기'를 설명하면서 이미 방법은 간단히 소개하였다. 사랑의 마음 주기는 자기 자신뿐만 아니라 주위의 다른 사람들에게로 대상을 확장시키는 것이다. 가령 길을 걸을 때 모르는 사람이지만 지나치는 사람들에게 '저 사람이 행복해지기를' '저 사람이 괴롭지 않기를' '저 사람에게서 미움이 없어지기를' 이렇게 마음속으로 말해 준다. 버스나 지하철을 탈 때 지금 여기 있는 모든 사람들에게 같은 방식으로 사랑의 마음을 보내 준다. 운전을 하다가도 옆을 지나가는 차를 향해 또 자신을 추월하거나 자신의 차 앞으로 끼어드는 차를 향해 사랑의 마음을 보내 준다.

사무실 책상 앞에 앉아 일하고 있는 동료들을 대상으로 해도 좋고, 아침에 일어난 직후든지 혹은 잠자기 전이든지 아무 때나 실천할 수 있다. 제대로 사랑의 마음 주기를 할 때는 자신부터 시작하여 소중한 사람들, 아는 사람들 등으로 점차 대상을 확장한다. 사랑의 마음 주기 전체 내용은 다음과 같다.

〈 사랑의 마음 주기 〉

1. 눈을 감고 천천히 숨을 내쉬면서 어깨나 가슴의 힘을 뺀다.
2. 힘을 빼고 가만히 들려오는 소리를 들어 본다. 들려오는 소리를 들으며 편안하게 숨을 들이쉬고 내쉰다.
3. 숨을 들이쉬고 내쉬면서 숫자를 붙여 본다. 들이쉬고 내쉬면서 '하나', 들이쉬고 내쉬면서 '둘', 이렇게 다섯까지 숫자를 세고 다시 여섯부터 하나로 시작한다.
4. 자기 자신을 느끼면서 느껴지는 자신을 향해 마음으로 반복해 말해 본다. '내가 행복하기를' '나로부터 고통이 없어지기를' '나

로부터 원한이 사라지기를' 등.

5. 다음으로 가장 소중하게 생각하는 사람들을 한 사람씩 떠올려 본다. 마찬가지로 그들이 행복해하는 순간의 모습을 떠올리며 사랑의 마음을 보내 준다. '행복해지기를' '고통이 없어지기를' '원한이 사라지기를' 등.

6. 다음으로 친척이나 친구 등 친하게 지내는 사람들을 한 사람씩 가슴속에 떠올려 본다. 그들의 얼굴이나 이름 등을 떠올리며 사랑의 마음을 보내 준다. '행복해지기를' '고통이 없어지기를' '원한이 사라지기를' 등.

7. 평소 그냥 알고 지내는 사람들, 이제까지 인연을 맺은 모든 존재들, 지금 함께 있는 사람들 순으로 사랑의 마음을 전해 준다.

8. 다음으로 우리나라에 살고 있는 모든 생명들, 지구에 살고 있는 모든 생명들, 동쪽에 살고 있는, 서쪽에 살고 있는, 남쪽에 살고 있는, 북쪽에 살고 있는 모든 생명들, 세상의 모든 존재들 순으로 사랑의 마음을 보내 준다.

이렇게 사랑의 마음 주기 명상을 하면 스스로 사랑과 행복과 기쁨의 마음을 일으키는 시간을 갖게 되고 변화에 필요한 힘을 키울 수 있다. 힘이 길러지면 스스로 자신감이 생기고 유익한 마음 일으키기가 습관이 된다.

3) 호흡을 활용한 기초 통찰 훈련

일상에서 쉽게 통찰의 힘과 여러 정신적 힘들을 키우는 가장 기초적인 방법으로 호흡을 활용하는 방법이 있다. 언제 어디서건 항상 일어나고 있는 현상이기 때문에 그리고 가장 잘 느낄 수 있는 것이기 때문에 통찰의 힘을 키우는 아주 중요한 도구이다.

Part A 호흡을 활용한 이완과 자각 연습
1. 눈을 감고 천천히 숨을 들이쉬고 천천히 숨을 내쉰다.
2. 숨 쉬는 느낌을 잘 느끼면서 숨을 내쉴 때마다 어깨나 가슴의 힘을 뺀다.
3. 호흡에 숫자를 붙인다. 들이쉬고 내쉬면서 '하나', 들이쉬고 내쉬면서 '둘', 이렇게 다섯까지 숫자를 세고 다시 하나부터 시작한다.
4. 코끝이나 콧구멍을 느끼면서 들이쉬고 내쉰다. (30초)

Part B 호흡을 활용한 기초 통찰 연습
〈 방법 하나 〉
1. 눈을 감고 자연스럽게 숨을 들이쉬고 내쉰 다음 3초 정도 숨을 참는다. 숨을 참으면서 마음속으로 숫자를 센다. 들이쉬고 내쉬는 과정, 숨을 참는 상태 등을 자각한다.

2. 숨을 쉬는 과정, 참는 과정의 느낌이나 상태가 매 순간 조건적으로 만들어지고 또 조건적으로 존재하고 있음을 알면서 들이쉬고 내쉰다.

〈 방법 둘 〉

1. 눈을 감고 최대한 천천히 그리고 길게 숨을 들이쉰다.

2. 최대한 천천히 그리고 길게 숨을 내쉰다. 내쉴 때 최대한 끝까지 숨을 내쉰다.

3. 숨을 길게 들이쉬고 난 후 5초 동안 숨을 참는다. (마음속으로 천천히 다섯까지 숫자를 센다.)

4. 천천히 이 과정을 반복하면서 호흡을 잘 느껴 본다.

5. 느껴지는 호흡의 상태나 동작이 조건적으로 생겨나고 조건적으로 존재하는 것임을 알면서 들이쉬고 내쉰다.

〈 방법 셋 〉

1. 눈을 감고 들려오는 소리를 들어 본다.

2. 소리를 들으면서 천천히 들이쉬고 천천히 내쉰다.

3. 들려오는 소리가 조건적으로 생겨났고 조건적으로 존재하는 것임을 알면서 천천히 들이쉬고 내쉰다.

〈 방법 넷 〉

1. 눈을 감고 가만히 몸의 느낌을 느껴 본다.

2. 몸의 느낌이나 상태를 느끼면서 천천히 들이쉬고 내쉰다.

3. 지금 느껴지는 느낌이 조건적으로 생겨났고 조건적으로 존재하는 것임을 알면서 천천히 들이쉬고 내쉰다.

〈방법 다섯〉

1. 눈을 감고 가만히 현재 마음의 상태 혹은 감정을 자각해 본다.

2. 현재의 마음 상태 혹은 감정을 느끼면서 천천히 들이쉬고 내쉰다.

3. 지금 느끼고 있는 마음 상태나 감정이 조건적으로 생겨났고 조건적으로 존재하고 있음을 알면서 천천히 들이쉬고 내쉰다.

〈방법 여섯〉

1. 눈을 뜨고 약간 시선을 아래로 둔다.

2. 가만히 주위 상황을 알면서 천천히 들이쉬고 내쉰다.

3. 주위 상황이 조건적으로 생겨났고 조건적으로 존재하고 있음을 알면서 천천히 들이쉬고 내쉰다.

Part C 일상에서 활용하기

1. 버스나 지하철에서 눈을 감고 들려오는 소리, 호흡과 함께 통찰

하기.

2. 누워서 쉬거나 잠자기 전, 일어나기 전 호흡과 함께 몸 통찰하기.

3. 목욕탕이나 사우나에서 호흡과 함께 느낌 통찰하기.

4. 화가 날 때, 우울할 때, 피곤할 때, 심심할 때, 긴장될 때, 아플 때 호흡과 함께 느낌이나 감정 통찰하기.

5. 엘리베이터나 에스컬레이터를 기다릴 때, 버스나 지하철을 기다릴 때 호흡과 함께 주변의 상황, 몸의 느낌 통찰하기.

6. 차나 커피 등 음료를 마시면서 잔 들고 호흡과 함께 느낌 통찰하기.

7. 음악을 들으며 불어오는 바람, 향기로운 냄새 등을 느끼며 호흡과 함께 통찰하기.

8. 출근하여 일하기 전, 공부하기 전 호흡과 함께 몸이나 주변 상황 통찰하기.

4) 기타 일상생활 속의 통찰 훈련

알고 보면 삶의 모든 순간들이 통찰의 대상이 된다. 그래서 방법만 알면 당장 지금부터라도 통찰을 실천할 수 있다. 문제는 구체적으로 어떻게 해야 하는지를 모르거나 하려는 마음을 내지 않는 것이다. 현대인들은 바쁘게 살기 때문에 따로 시간 내어 통찰을 연습하기가 쉽지 않다. 그리고 또 굳이 그렇게 할 필요도 없다. 우리가 지금 반복하고 있는 익숙한 일상의 행위나 상황을 통찰의 시간으로 활용하면 된다.

　아침에 출근하는 상황을 생각해 보자. 버스나 지하철을 탄다면 잠시 눈을 감고 매 순간 변화하고 있는 주변의 상황을 느껴 보자. 여러 잡다한 소리와 타고 내리는 많은 사람들, 분주한 상황을 느껴 보고 그런 상황이 매 순간 조건적으로 만들어지면서 또 계속해서 변화하고 있다는 사실을 주의 깊게 통찰해 본다. 엘리베이터를 기다리거나 타고 있을 때 잠시 눈을 감고 자신의 상황이나 주변의 상황을 느껴 보자. 어차피 기다리는 시간인데 그 시간을 유익하고 효율적으로 활용하게 된다.

　만약 걷고 있을 때 춥거나 더운 느낌이 든다면 그 느낌들이 또한 조건적으로 생겨나고 있음을 통찰하고 걸을 때의 움직임이나 느낌을 통찰해 본다. 운동을 할 때도 마찬가지이다. 하기 싫은 집안일을 할 때 통찰의 기법을 활용하면 일석이조의 효과가 있다. 청소할 때 천천히 소리나 움직임, 느낌 등을 통찰하면서 해 보자. 청소할 때도 통찰을 하면 필요한 정신적 힘들이 계발된다. 그 외에 목욕하거나 세수할 때, 옷을 다릴 때, 음악을 들을 때, 음식을 먹을 때 등도 통찰을 함께 할 수 있는 좋은 시간들이다. 때론 피곤하다거나 졸린 느낌이나 상태가 통찰을 도와주기도 한다. 눈을 감고 피곤하다거나 졸린 느낌이 만들어지고 있다고 통찰하고 있으면 피곤함도 빨리 풀리고 통찰의 힘도 커지게 된다.

생활 속에서 틈나는 대로 통찰을 시도해 보자. 하면 할수록 다섯 가지 정신적 힘들이 계발되고 그러면서 통찰의 힘이 커지고 통찰하는 습관도 가지게 될 것이다. 통찰의 힘은 정말로 우리 삶의 모든 면에서 유익한 역할을 할 것이다.

5) 의식 통찰하기

이제 이 책에서 가장 중요하고 또 가장 어려운 부분을 언급하게 되었다. 바로 우리의 마음 혹은 의식 통찰하기이다. 이 책의 서두에서 우리는 전략적으로 마음이 만들어지는 것이라고 한번 바라보자고 하였다. 전략적으로 그렇게 하는 것만으로 효과가 있기 때문이다. 이제 우리가 마음이라고 여기는 가장 핵심적인 내용이나 실체를 대상으로 통찰을 진행시켜 보도록 하겠다.

지금 이 순간 바로 여기서 시작해 본다. 잠시 숨을 조심스럽게 쉬면서 현재의 의식 상태를 생각해 보자. 아직 뭐가 뭔지 감이 안 올 것이다. 스스로 보려 하면 보이지 않는다. 어떻게 보아야 하는지 설명을 듣고 나면 보인다. 뭔지는 모르지만 지금 여기 분명히 의식이 있다. 자! 그럼 이제 현재 의식하고 있는 내용을 생각해 보자. 무언가 보고 있을 수 있고 듣거나 생각하고 있을 수 있으며 무언가를 느끼고 있을 수 있을 것이다. 그런데 지금 의식하고 있는 상태나 내용은 절대로 여섯 가지 형태를 벗어나지 않는다. 어떤 것인가? 보이는 것, 들리는 것, 몸으로 느껴지는 것, 냄새, 맛, 생각이다. 즉 여섯 가지 형태의 감각적 신호를 인지하고 있다.

천천히 감각적 신호를 하나씩 구별해 살펴보자. 먼저 시각적 신호를 인지하고 있는가 살펴보자. 지금 어떤 형태로든 시각적 신호가 인지되고 있다. 눈을 감아도 신호는 인지된다. 그런데 지금 인지하고 있는 시각적 신호는 조건적인 상황일까? 아니면 내가 보고 있는 것일까? 곰곰이 생각해 보자. 빛이라는 신호가 망막에 닿아 있는 조건을 통해 시각적 신호가 발생하고 뇌는 그 신호를 인지하고 있다. 만약 눈을 감고 있다 하더라도 깜깜하다는 신호가 발생되어 뇌에 전달된다. 감각 기관과 감각 대상이 접촉되는 조건을 통해 신호가 인지되는 것이다.

그럼 이번에는 청각적 신호를 구별해 보자. 지금 어떤 형태로든 소리가 들릴 것이다. 지금 듣고 있는 소리 또한 공기의 진동이 귀의 고막에 닿아 신호를 인지하고 있는 상태다. 이 상태 또한 알고 보면 조건적 상태이다. 나머지 감각 신호 또한 마찬가지이다.

그런데 아주 중요한 사실을 알아야 한다. 지금 내 마음이라고 생각하는 것 혹은 내 의식이라고 생각하는 것은 여섯 가지 감각 신호를 인지하고 있는 상태일 뿐이라는 것이다. 생각과 의도 등이 작용하고 있다. 생각과 의도는 여섯 번째 정신적 감각 작용에 해당한다. 결국 마음이라는 것은 여섯 가지 감각적 신호들이 지속적으로 인지되고 있는 조건적 상황이고 과정이다.

그럼 내 마음은 어디 있는 것인가? 어디 따로 있는 것이 아니다. 촛불이 초와 심지, 산소가 만나 작용하고 있는 상태인 것처럼 마음이라는 것도 감각기관과 감각 대상이 만나 작용하고 있는 상태일 뿐이다. 그 상태를 마음이라 하고 혹은 '나'라고 한다. 여기 분명히 조건적으로 작용하고 있지만 그 실체는 따로 없다고 할 수 있다. 이것은 그림자와 같고 번갯불과 같고 이슬과 같다. 단지 조건적으로 존재하고 조건적으로 작용하고 있을 뿐이다.

우리가 행복이라고 여기는 것도 행복이라는 것이 따로 있는 것이 아니다. 만족이라는 정신적 상태가 잠시 조건적으로 만들어졌다 사라지는 과정이다. 사랑은 어떨까? 그것도 좋아하는 대상을 보고 일어난 하나의 조건적 현상에 불과하다. 우리는 깊이 통찰하고 살지 않기 때문에 그냥 습관적으로 사랑이나 행복이라는 것을 마치 있는 것처럼 여기고 산다. 평소 우리가 보고 싶어 하고 듣고 싶어 하고 맛보고 싶어 하고 느끼고 싶어 하는 모든 것들 또한 단지 감각적 접촉과 인지라는 조건적 과정에 지나지 않는다.

그렇다면, 이렇게 통찰하면서 보고 나면 뭐가 달라지는가? 그렇게 본다고 해서 '나'가 없어지는 것은 아니다. 분명 지금 여기 그대로 있다. 있긴 하는데 그냥 조건적으로 작용하고 있는 과정이다. 조건적으로 작용하고 있는 지금의 이 상태는 당분간 수명이 다 될 때까지는 이렇게 작용하고 있을 것이다. 그래서 있다고도 하지 않고 또 없다고도 하지 않으며 단지 조건적으로 작용하고 있다고 표현한다. 이것을 중도(中道)라고 했다. 그럼 모든 것이 허무해지는가? 허무하게 생각하는 사람은 자신의 의식이나 마음을 통찰하지 않는다. 그냥 지금 보이는 그대로를 믿고 살려 하기 때문이다. 마음이 여섯 감각 신호를 인지하고 있는 조건적 상태임을 잘 안다면 마음이라는 것, 즉 '나'라는 것을 잘 알게 되었다는 사실에 긍정적 마음 상태가 되지 절대로 부정적 마음 상태가 되지는 않는다. 부정적 마음 상태가 될 것이라는 것은 기우에 불과하다.

지금 현재 '나'를 보는 눈이 달라지면 앞으로 지속될 존재의 과정이 달라진다. 즉 매 순간 존재는 만들어지고 있는데 이왕이면 좋은 내용으로 그 과정을 만들어 갈 것이다. 또 누군가는 단지 작용하고 있는 이 상태가 멈추어지기를 바랄 것이다.

'나'를 보는 눈이 달라질 때 인격의 변화가 일어난다. 왜냐하면 나 자신뿐만 아니라 삶과 세상을 보는 눈, 미래를 보는 눈이 다 달라지기 때문이다. 보는 눈이 달라지면 삶의 태도는 자연스럽게 변한다. 그래서 인격의 변화가 일어나는 것이다.

마음이나 의식을 통찰할 때 또 다른 방법으로 하기도 한다. 마음이나 의식의 내용을 여섯 가지 형태로 구분하지 않고 기능상으로 구분하는 방법이다. 지금 마음의 기능은 감각기관을 통해 감각 신호를 인지하고(受) 그러면서 대상을 인식하고(想) 반응과 의도를 일으키고 있다(行). 그런데 인지하고 인식하고 반응과 의도를 일으킬 때 항상 기본적으로 아는 기능, 즉 식(識)이 함께 작용한다. 이 기능들은 본래부터 그렇게 있는 것이 아니라 조건적으로 작용하고 있는 상태다. 그래서 마음이란 현재 이 기능들이 조건적으로 함께 작용하고 있음에 지나지 않음을 직관할 수 있는데 결과는 앞의 방법과 동일하다.

쉬울 수도 있고 어려울 수도 있다. 그냥 보려고만 하면 안 보인다. 여섯 가지 감각 신호의 형태로(六根, 六境) 혹은 네 가지(受想行識) 기능의 작용이라 전략적으로 알면서 보아야 보인다. 그런데 반드시 그 내용과 상태가 조건적으로 생겨나면서 변화하고 사라지는 과정임을 보아야 한다. 그것이 바로 통찰의 핵심이고 변화의 핵심이다.

 # 통찰은 지속되어야 한다

『성공하는 기업들의 8가지 습관』이라는 책의 저자이기도 한 경영학자 짐 콜린스는 『좋은 기업을 넘어 위대한 기업으로』라는 책에서 실패한 개인과 기업의 가장 큰 특징으로 자만을 꼽았다. 성공에 도취되어 남의 말을 듣지 않고 어깨나 목에 힘이 들어가면 영락없이 실패의 나락으로 떨어진다는 것이다. 아직 성공에 이르지 못한 사람들은 '나는 성공하면 항상 겸손하게 노력하지 절대로 목에 힘주고 자만에 빠져 살지 않을 것'이라고 생각하지만 막상 그렇게 생각하던 사람도 성공에 이르게 되면 자신도 모르게 자기 생각에 빠져 있는 경우를 보게 된다. 본인의 생각과 노력으로 성공에 이르렀기 때문에 믿을 건 자신의 경험과 생각밖에 없다고 믿기 때문이다.

또 세속에서 성공이라는 어떤 정점에 이르게 되면 강한 자신감과 만족감, 기쁨, 행복감 같은 감정이나 상태에 도취된다. 우리는 이러한 상

태를 진짜 행복이라 여기고 있고 또 이러한 상태는 인간이라면 자연스
럽게 느끼고 싶어 하는 아주 강력한 감정 중 하나이다. 그러나 이러한
상태를 분명 나쁘다고는 할 수 없지만 그 상태에 강하게 집착하고 있
으면 생각이 단순해지고 긍정적인 발전의 필요성을 느끼지 못하게 된
다. 또 다른 사람들의 시기나 질투, 경쟁 대상이 되어 쫓기는 입장이
되다 보면 절박함이나 위기의식이 상대적으로 약화되어 성공의 정점에
머무르는 시간이 짧아진다. 어찌 되었든 이러한 흥망성쇠의 과정도 결
국 인간의 집착, 분노, 무지가 만들어 내는 한 편의 드라마에 불과하
다. 만약 지혜의 안목이 함께한다면 성공의 순간을 좀 더 오래 유익하
고 발전적으로 만들어 갈 수 있으리라 본다.

| 차 한 잔의 변화 |

• 나중에 혹시 성공하더라도 통찰을 잊지 마세요.

아직도 마음을 다스리겠다는 생각을 가지고 있는가?
마음을 바꾸려 하지 말고
마음의 상태를 만드는 조건을 바꿔라.
마음을 다루는 방식을 바꾸면
그 순간부터 삶이 변한다.

이 책에서는 마음 혹은 마음의 상태는 만들어지는 것이라고, 전략적으로 한번 바라보자고 했다. 단지 보는 방식을 바꾸었을 뿐이지만 실제 마음과 관계된 많은 문제들에 커다란 변화를 가져오게 할 것이다. 우리는 현실적으로 마음의 변화를 필요로 한다. 그래서 막연하지만 '마음'이라는 어떤 상태를 제 나름 유익하게 훈련하고 다스리려 애쓰며 산다. 그런데 마음이나 마음의 상태를 만들어지고 있다는 논리로 바라보면 이야기가 달라진다. 마음을 바꾸는 것이 아니라 마음을 만들고 있는 조건과 원인을 변화시켜야 하는 것이다. 어찌 보면 황당하기도 하고 또 어떤 면에서는 더욱 그럴듯해 보이기도 할 것이다. 마음을 만들어지는 것이라고 보자는 것은 일종의 전략이다. 마음이 꼭 그렇다는 것은 아니지만 결과적으로 마음과 삶을 변화시키면 그만이다. 우리가 원하는 것은 바로 그것이다.

마음을 만들어지는 것이라는 시각으로 바라보면 그동안 어렵고 힘들게 여겨졌던 많은 마음의 문제들이 이외로 쉽게 해결될 수 있다. 절제를 한다든가, 원치 않는 생각과 감정으로부터 벗어나는 문제라든가, 혹은 몰입과 창조적 사고를 하는 데에 아주 효과적으로 도움을 줄 것이다.

마음을 만들어지고 있는 상태라고 바라보면서 정말 많은 삶의 변화가 있었고 오랜 고민과 의문이 해결되었다. 단지 한 가지 생각을 바꾸는 일에 불과하지만 운명을 바꾸어 주는 데 결정적 역할을 했다. 마음이 만들어진다고 해서 마음이 없어지는 것은 아니다. 여기 지금 이렇게 작용하고 있다. 과거에도 그랬고 앞으로도 그렇게 작용할 것이다. 그렇게 작용하고 있는 것이 바로 우리의 마음이다. 그런데 그냥 예전처럼 작용하게 내버려 두지는 않을 것이다. 분명 좋은 내용으로 마음이 만들어지도록 노력할 것이다. 어떻게 해야 하는지 방법을 알고, 또 그렇게 살아야 행복하다는 것을 알기 때문이다. 행복도 결국 만들어지는 상태에 불과하다. 그리고 그 사실을 또한 잘 알기에 아주 즐거운 마음으로 만들어 가며 살 것이다.

마음이 바뀌면 삶이 바뀐다. 마음과 삶을 변화시킨다는 것은 아주 중요한 문제다. 하지만 또 하나 함께하면 정말 좋은 것이 있다. 바로 자신을 아는 것이다. 마음을 보는 방식을 바꾼다는 것은 신기하게도 나를 비추어 주는 거울을 하나 가지는 셈이다. 그 거울로 보면 이제까지 생각해 보지 못했던, 그리고 알지 못했던 자신의 숨겨진 모습을 보게 될 것이다. 아무쪼록 클리어 마인드 & 클리어 라이프 전략을 통해 이제 실질적으로 행복한 변화를 체험해 보기 바란다. 행복해지는 사람들이 많아지면 이 세상은 더욱 평화롭고 행복해질 것이다.

　행복과 자신감에 의한 삶의 긍정적인 변화는 마음은 만들어지는 것이라는 것을 단지 한 번 이해했다고 저절로 이루어지는 것은 아니다. 그것들의 크기와 깊이는 우리가 얼마나 많이 그리고 지속적으로 그것을 알고 적용하는가에 달려 있다는 것을 기억해야 할 것이다. 초기의 이해와 앎으로 시작된 작은 행복과 변화는 삶 속에서 그 범위가 확대됨에 따라 더욱 더 큰 결과를 가져다줄 것이다. 남들이 다 하기에 유익하지도 실현 가능하지도 않은 목표를 향하여 소중한 시간과 에너지를 낭비하고 좌절하는 일 또한 줄어 갈 것이다. 이는 곧 우리를 괴롭히고 변화를 가로막는 후회와 걱정이 감소된, 행복하고 긍정적인 에너지로 충만한 삶을 살아가는 것을 의미한다.

　이 책을 위해 정말 바쁜 일정에도 불구하고 조언과 검토를 해 주신 농심의 장민상 전무님, 조준래 서륭 가드로브 사장님, 서경희 선생님께 진심으로 감사드리며 이 공덕으로 더욱 건강하시고 행복하시길 기원합니다.

4월 좋은 날 　지 장 손모음

클리어 마인드 &
클리어 라이프 전략

초판 인쇄 2011년 5월 16일
2쇄 발행 2011년 6월 14일

지은이 | 지 장
그 림 | 장인희
펴낸이 | 이태호
펴낸곳 | 클리어마인드_(주)지오비스
등록번호 | 제 300-2005-54호
주 소 | 서울시 수송동 58 두산위브파빌리온 736호
전 화 | 02)2198-5151, 팩스 | 02)2198-5153
디자인 | 현대북스 051)244-1251

ISBN 978-89-93293-26-5 03320

정가 15,000원